Die Dinosaurier

www.contmedia.com
Gesamtkonzept und Layout: contmedia GmbH

Naumann & Göbel Verlagsgesellschaft mbH
Emil-Hoffmann-Straße 1
D-50996 Köln

ISBN 10: 3-625-21131-9
ISBN 13: 978-3-625-21131-0

Bilder, soweit nicht anders benannt: Archiv der contmedia GmbH

Die Dinosaurier

Entdeckungen • Lebensweisen • Untergang

NAUMANN & GÖBEL

Inhalt

ERDGESCHICHTE 6

URZEIT/FRÜHZEIT 20

ERD-ALTERTUM 26

ERD-MITTELALTER 38

ERD-NEUZEIT 86

KAPITEL 1

Erdgeschichte

Vor vielen Millionen Jahren, lange, bevor es den Menschen gab, beherrschten die Dinosaurier in großer Artenvielfalt die Erde. Sie lebten überwiegend im Erdmittelalter (Mesozoikum) und starben am Ende dieser Zeitepoche vor etwa 65 Millionen Jahren am Ende der Kreidezeit aus.

Die Dinosaurier waren Reptilien, die zur Gruppe der vierbeinigen Wirbeltiere zählten. Sie lebten auf dem Land, im Wasser (Ichthyosaurus, Mixosaurus) oder in der Luft (Flugsaurier). Es gab zahlreiche unterschiedliche Arten, die zu unterschiedlichen Zeiten existierten. Sie ernährten sich entweder räuberisch (Tyrannosaurus, Ichthyosaurus, Deinonychus) oder sie waren Pflanzenfresser (Brachiosaurus, Apatosaurus). Manche waren klein wie Echsen, andere gewaltiger als Elefanten. Einige gingen auf zwei Beinen (Edmontosaurus), andere auf allen Vieren (Mamenchisaurus). Die Meeressaurier veränderten ihre Gliedmaßen zu Paddeln, die Flugsaurier bildeten Flügel aus, die teilweise mit Federn versehen waren. Viele Dinosaurier lebten in Herden, mit denen sie herumzogen.

Der Begriff der „Dinosaurier“ ist erst ca. 150 Jahre alt, hat sich aber in unserer Alltagssprache festgesetzt und weckt stets lebhafte Assoziationen in uns. Noch heute denkt man bei Dinosauriern an Furcht erregende Wesen, die ein drachenartiges Aussehen hatten und ebenso gefährlich waren. Eingebunden in die erdgeschichtliche Zeittafel soll ein Überblick geschaffen werden, unter welchen Bedingungen die Dinosaurier damals gelebt haben, bis sie schließlich vor etwa 65 Millionen Jahren auf rätselhafte Weise ausstarben.

Die Entdeckungen

Lange, bevor die Dinosaurier als eigenständige Gruppe anerkannt wurden, gab es bereits zahlreiche Funde, die jedoch zunächst nicht eingeordnet werden konnten. Bereits im 3. Jahrhundert nach Christus fand man, wie schriftlich belegt ist, in China so genannte „Drachenknochen", denen man magische Kräfte zuschrieb. Erst sehr viel später konnte man diese in der modernen Forschung als Dinosaurierüberreste identifizieren.

Im Jahre 1677 veröffentlichte Robert Plot, ein Professor der Universität Oxford, einen Aufsatz, in dem er einen gewaltigen Knochen beschrieb, der in einem Steinbruch in der Grafschaft von Oxfordshire gefunden worden war. Es handelte sich um den Oberschenkel eines riesigen Tieres, das die Größe eines Elefanten hatte. Zunächst vermutete er, die Römer hätten während ihrer britannischen Herrschaft Elefanten mit nach Britannien gebracht. Hierfür gab es jedoch keinerlei schriftliche Belege. Nachdem er ein wirkliches Elefantenskelett untersuchen durfte, stellte er fest, dass diese Knochen im Vergleich mit dem Fund in Oxfordshire wesentliche Unterschiede aufzeigten. Daraus folgerte Plot, es müsse irgendwann menschliche Riesen gegeben haben.

Obwohl weitere zahlreiche Funde gemacht wurden, gab es bis vor etwa 150 Jahren keine ernst zu nehmenden wissenschaftlichen Erkenntnisse im Bereich der Dinosaurier. Sicher spielten auch die christlichen Lehren der Bibel eine wichtige Rolle. Sie besagten schließlich, dass Gott die Welt in sieben Tagen erschaffen habe und alles Leben im Garten Eden entstanden sei. Weshalb sollten dann ausgestorbene Tierarten existiert haben?

Der entscheidende Fund, der die Existenz einer Gruppe von Riesenreptilien offiziell werden ließ, wurde 1822 von der Ehefrau des Arztes und Fossiliensammlers Mantell gemacht. Sie entdeckte in der Grafschaft Sussex zahlreiche fossile Zähne. Ihr Mann konnte diese einem Tier zuordnen, das einem in Amerika lebenden Leguan (Iguana) sehr ähnlich gewesen sein musste. Nach diesem benannte er es auch mit Namen Iguanodon. Seiner Beschreibung nach sollte es ein plumpes Tier mit einem Horn auf der Nase gewesen sein. Wie sich später herausstellte, handelte es sich bei dem Horn um die Zehe des Iguanodon.

Ausgrabung des ersten Mastadon-Skeletts in einem Sumpf in der Nähe von Newburgh, USA.

Gleichzeitig beschrieb ein Brite namens Buckland in dieser Zeit Fossilien, die in einem Steinbruch in der Gegend von Oxford gefunden worden waren, und deutlich anders aussahen. Es handelte sich um Rückenwirbel und Kieferknochen einer riesenhaften Echse, die er Megalosaurus nannte (Riesenechse). Wenige Jahre später fand Mantell ein weiteres riesiges Reptil, das er Hylaeosaurus nannte. Diese Funde lösten eine Schatzsuche im ganzen Land aus. Doch erst 1841 entstand die Hypothese, dass es im Verlauf der Erdgeschichte einen Lebensabschnitt gegeben haben musste, der bis dahin völlig unbekannt gewesen war. Auf einer Versammlung in Plymouth sprach der Paläontologe Richard Owen 1841 erstmals von der Existenz einer riesigen ausgestorbenen Gruppe von Tieren, die an Größe alles Bekannte bei weitem überrage. Diese Tiere nannte er „Dinosauria", d. h. schreckliche Echsen. Er beschrieb diese Riesenreptilien zunächst als große, plumpe Ungetüme, die sich auf allen Vieren fortbewegten.

1858 wurde im US-Staat New Jersey auf einem Acker eine Vielzahl fossiler Knochen gefunden. Ein Professor der Anatomie von der Universität Philadelphia namens Leidy untersuchte die Knochen und gab dem Tier in seiner Veröffentlichung den Namen Hadrosaurus (schwere Echse). Das Tier, das dem Iguanodon sehr ähnlich war, ging seiner Meinung nach allerdings auf zwei Beinen, ähnlich wie ein Vogel. Diese Diskussion um die zwei- oder vierbeinige Gangart der Tiere zog sich über lange Zeit hin, es wurden immer mehr Fossilien gefunden, die mal die eine, mal die andere Version glaubhafter erschienen ließ.

Ein besonders bemerkenswerter Fund wurde 1878 in Belgien ge-

Ausgrabung gigantischer voreiszeitlicher Tierknochen in den Rocky Mountains, USA 1878.

macht. Dort wurde in einer Kohlengrube ein Massengrab von Iguanodons gefunden. Fast 30 vollständige Skelette lagen hier zusammen. Nach mehrjähriger Arbeit hatte man herausgefunden, dass an dieser Stelle vor Jahrmillionen eine Schlucht gewesen sein muss, in die die Tiere stürzten.

Neben Funden in Belgien gab es ab der zweiten Hälfte des 19. Jahrhunderts weitere zahlreiche Ausgrabungen in Europa. So fand man in Trossingen in einem Steinbruch Tausende von Knochen, die zum Plateosaurus gehörten, der vor etwa 200 Millionen Jahren gelebt hat. Auch fand man fossile Abdrücke von Archaeopteryx, einem Vogeldinosaurier. In England, Frankreich und dem Balkan wurden die Skelette von Panzerdinosauriern gefunden, in der Provence sogar Nester mit Dinosaurier-Eiern, die zur Art Hypselosaurus gehörten. Während der Ausgrabungen in Belgien rivalisierten in den USA zwei amerikanische Wissenschaftler im „Dinosaurierfieber“. Edward Drinker Cope und Othniel Marsh waren zwei brillante Wissenschaftler, die über 130 Arten von Dinosauriern beschrieben bzw. benannten. Sie entdeckten zahlreiche Fundstellen in Colorado, Wyoming und Montana. Zu ihren bedeutenden Entdeckungen zählten Brontosaurus (Apatosaurus), Camarasaurus, Diplodocus, Stegosaurus und Allosaurus.

Othniel Charles Marsh (1831–1899)

Mit Beginn der Landvermessung in Kanada wurden vor allem Expeditionen zum Red River nach Alberta, wo schon der Albertosaurus (daher der Name) von Cope identifiziert worden war, unternommen. Hier fand man die Überreste von Triceratops, von Entenschnabelsauriern, aber auch anderen Tieren der Kreidezeit. In Afrika hatte man 1907 in Tansania riesige Überreste von Dinosauriern gefunden. Es befanden sich unter den Skeletten neue Arten wie zum Beispiel der Stacheldinosaurier Kentrosaurus und ein Brachiosaurus von über 23 Meter Länge und 12 Meter Höhe.

Edward Drinker Cope (1840–1897)

Neueste Entdeckungen

Im Jahre 1993 wurden in Patagonien (Argentinien) von einem Hobby-Fossil-Sammler namens Ruben Carolini die Überreste eines gigantischen Raubsauriers entdeckt. Es handelte sich um einen Fleischfresser, der Gigantosaurus carolini genannt wurde. Mit einer Körperlänge von 13,5 bis 14 Metern, einer Schädellänge von 1,65 Metern und etwa 8 Tonnen Gewicht war er wahrscheinlich das größte Raubtier der Erde aller Zeiten, größer als der Tyrannosaurus Rex. Er soll vor über 95 Millionen Jahren gelebt haben.

An chinesischen Dinosauriern, die man in der Nähe von Peking fand, hat man kürzlich federartige Strukturen entdeckt. Es handelt sich um etwa 60 Zentimeter große Dinosaurier namens Sinosauropteryx mit einem langen Schwanz, der dem von Echsen ähnelt. Sie werden dem späten Jurazeitalter zugeschrieben und sollen vor 140 bis 120 Millionen Jahren gelebt haben. Federstrukturen wurden am Hals, auf dem Rücken und am Schwanz gefunden. Zum Fliegen sollen diese nicht geeignet gewesen sein. Daher vermuten die Experten, dass sie zur Aufrechterhaltung der Körpertemperatur dienten, was für eine Warmblütigkeit der Dinosaurier sprechen würde. Sie könnten aber bei Kaltblütigkeit der Saurier vor einem Überhitzen des Körpers geschützt haben. Diese Dinge werden wohl erst in den nächsten Jahren zu klären sein.

Wandlung der Kontinente

Seit der Entstehung unserer Erde vor etwa 4,5 Milliarden Jahren haben sich im Laufe der Erdgeschichte mannigfache Veränderungen ergeben. In diesem unermesslichen Zeitraum hat sich das Bild der Erde langsam, aber stetig gewandelt. Durch die stetigen Klimawechsel, die Wind, Regen, Eis und Sonne mit sich brachten, wurden Gebirge abgetragen (Erosion) und an anderer Stelle Täler wieder aufgefüllt (Sedimentation).

Es bildeten sich Wüsten und Meere. Gletschermassen bauten sich auf und gestalteten die Oberflächen durch Abschürfen der Gesteine. Flüsse entstanden und suchten sich Wege durch die Landschaft. Besonders einschneidende Veränderungen haben sich im Laufe der Jahrmillionen vor allem durch die Bewegungen der Erdkruste ergeben. Diese entstehen durch Konvektionsströmungen im Erdinneren.

Geologen haben festgestellt, dass die Lithosphäre, der obere Teil des Erdmantels, auf dem sich unsere Erdkruste befindet, keine durchgehende Schicht ist, sondern aus mehreren starren Platten besteht. Diese schwimmen auf der darunter liegenden Asthenosphäre, die den fließfähigen Anteil des Erdmantels ausmacht. Sie haben eine Dicke zwischen 70 und 100 Kilometern. Es existieren sechs große Platten (Amerikanische, Antarktische, Afrikanische, Eurasiatische, Pazifische und Indisch-Australische Platte). Sie sind teilweise über 65 Millionen Quadratkilometer groß. Diese Platten sind in ständiger Bewegung.

Nach Entnahme von Gesteinsproben der Meeresböden und genauer Untersuchung von unterschiedlichen Sedimentschichten ist es den Geologen mittlerweile gelungen, sich ein Bild zu machen, wie die Bewegungen und die Entstehung unserer Kontinente in den letzten 400 Millionen Jahren gewesen sein könnten. Danach gab es im Devon, das vor 408 Millionen Jahren begann und vor 360 Millionen Jahren endete, noch keinen Nordatlantik, so dass Nordamerika und Europa einen Kontinent bildeten, der Laurasia genannt wurde. Ein großer Südkontinent, den man Gondwanaland nannte, umfasste das heutige Südamerika, Australien, Afrika, Indien und Antarktika. Bestimmte Fossilien von frühen Amphibien und Reptilien hat man nur im einstigen Laurasia gefunden.

Gegen Ende des Perm (vor 290 bis 245 Millionen Jahren), schlossen sich die beiden Kontinente zu einem Superkontinenten namens Pangaea (griech.: das ganze Land) zusammen. Pangaea lag beiderseits des Äquators. Die Temperaturen waren mild. Es gab noch keine klimatischen Beeinflussungen durch Binnenmeere oder Poleiskappen. Hier begannen sich auch die Dinosaurier zu entwickeln. Sie konnten sich über den gesamten Kontinent ausbreiten. Gegen Ende der Trias begann Pangaea auseinander zu brechen. Dadurch bildeten sich Meere zwischen den entstehenden Kontinenten aus. Trotzdem muss es zeitweise noch Landbrücken gegeben haben, denn man hat einige Fossilien, wie z. B. von Brachiosaurus oder Stegosaurus, sowohl in Nordamerika als auch in Afrika gefunden. Durch die Trennung der Kontinente und Bildung der Meere zu Beginn des Jura änderte sich auch das Klima. Die Temperaturen wurden etwas niedriger, die Niederschläge etwas höher. Durch die entstehende Feuchtigkeit bildete sich eine üppig wachsende Tropenvegetation mit Schachtelhalmgewächsen, Farnen, aber auch Gingkos.

Es entstanden eine Vielzahl neuer Dinosaurierarten.Vor allem die großen Pflanzenfresser wie Brachiosaurus und Apatosaurus hatten reichlich Nahrung und breiteten sich im Laufe des Jurazeitalters stark aus. Daneben entwickelten sich auch große Fleischfresser wie Allosaurus und kleinere, leicht gebaute Arten wie die Coelurosauria. Flugreptilien beherrschten die Lüfte. Auch Archaeopteryx tauchte im Jura auf.

Im Laufe der Kreidezeit drifteten die Kontinente weiter auseinander, so dass zu ihrem Ende vor 65 Millionen Jahren die Lage der Kontinente der von heute schon ähnlich war. Es gab nur noch wenig Landbrücken und die Entwicklung der Dinosauriergruppen lief unabhängig voneinander weiter, so dass auf jedem Erdteil unterschiedliche neue Arten auftauchten. Insgesamt genommen existierten in der Kreidezeit mehrere unterschiedliche Arten, als es im Trias und im Jura zusammen gegeben hatte. Um so mehr ist es immer noch ein Rätsel, weshalb die Tiere in der Blüte ihrer Zeit komplett ausstarben.

Stammbaum

Vogelbecken-Dinosaurier (Ornithischia)

Um einen Stammbaum der Dinosaurier zu erstellen, muss man etwas weiter auf die Evolutionsgeschichte zurückgreifen. Die Dinosaurier gehören zweifellos der Gruppe der Tetrapoden, d. h. der vierbeinigen Wirbeltiere an. Diese gliedern sich in vier Klassen: Amphibien, Reptilien, Vögel und Säugetiere.

Aus den Fischen entwickelten sich die Amphibien. Sie sind die Vorfahren der Reptilien. Aus diesen entstanden einerseits die Vögel, andererseits die Säugetiere.

Innerhalb der Klasse der Reptilien gibt es vier Unterklassen, die sich auf Grund ihrer Anordnung von Schläfenöffnungen an der Schädelseite hinter der Augenöffnung unterscheiden.

1. Anapsida: sie besitzen keine Schläfenöffnung;
2. Euryapsida: sie haben nur eine obere Schläfenöffnung (Nothosauria, Plesiosauria, Placodontia);
3. Synapsida: diese säugetierähnlichen Reptilien haben nur eine untere Schläfenöffnung mit zusätzlichen Ansatzpunkten für eine stärkere Kiefermuskulatur (Cynognathus);
4. Diapsida: sie haben zwei Schläfenöffnungen, eine obere und eine untere, getrennt von einer Knochenspange. Die Kiefermuskulatur ist mit Sehnen verbunden, die durch diese „Fenster" verlaufen. Das ermöglicht ein weites Aufsperren der Kiefer und ein festeres Zubeißen beim Beutefang.

Unsere Dinosaurier gingen, genau wie die meisten modernen Reptilien, aus den Diapsiden hervor, ebenso die Krokodile und Pterosauria (Flugsaurier).

Entwicklung der Schädelformen bei Reptilien

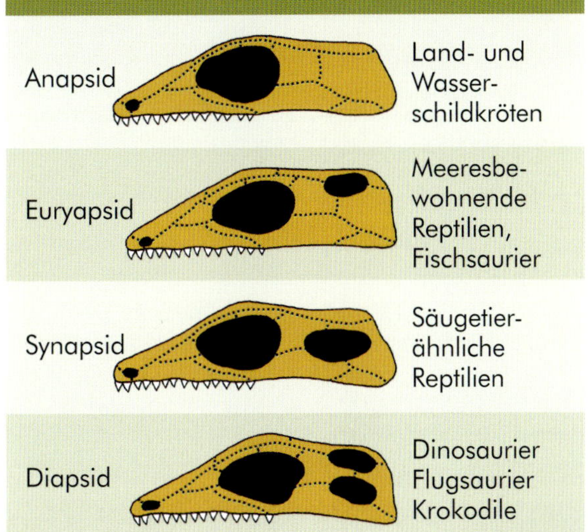

Gegen Ende des Perms spalteten sich die Diapsiden in Lepidosauria und Archosauria. Die Entwicklung der Lepidosauria führte zu über 6000 Echsen- und Schlangenarten. Die Archosauria stellten die Gruppe der Herrscherreptilien dar, die über einen Zeitraum von 180 Millionen Jahren existierte.

Hier waren die Flugsaurier die Könige der Luft, die Dinosaurier beherrschten das Festland, und die Krokodile, die als einzige Gruppe noch heute existieren, eroberten die Meere und Seen. Sie hatten sich aus den ältesten der Archosauria, die im Trias ihre Blütezeit hatten und Thecodontia genannt wurden, entwickelt.

In dieser Zeit änderte sich auch die Gangart der Tiere. Allmählich kam es zu einer Verlagerung der Ansatzstelle der Gliedmaßen, bis diese schließlich direkt unter dem Körper standen.

Die „echten" Dinosaurier unterteilt man auf Grund ihrer unterschiedlichen Beckenbauweise neben einer Gruppe von frühen Raubsauriern (Herrerasauria) in zwei Hauptgruppen: Ornithischia und Saurischia.

Jedes Becken besteht aus drei Knochen, dem Schambein (Pubis), dem Darmbein (Ileum) und dem Sitzbein (Ischium). Setzen das Schambein und das Sitzbein so am Darmbein an, dass das Schambein nach vorn und das Sitzbein nach hinten zeigt, hat man einen Saurischia vor sich (griech.: sauros = Eidechse/ischíon = Hüftgelenk). Man nennt diese Gruppe auch Echsenbecken-Dinosaurier.

Zeigen Sitz- und Schambein etwa parallel nach hinten, ähnlich wie bei unseren Vögeln, handelt es sich um einen Ornithischia (griech.: órnis, órnithos = Vogel). Daher stammt auch der Name „Vogelbecken-Dinosaurier". Vögel und Ornithischia haben jedoch keine gemeinsamen Vorfahren.

Echsenbecken-Dinosaurier (Saurischia)

Die Saurischia teilten sich im Laufe der Entwicklung in die Unterordnungen Sauropodomorpha (riesige Pflanzenfresser wie Plateosaurus und Diplodocus) und Theropoda (Fleischfresser wie Allosaurus, Deinonychus und Compsognathus) auf.

Die Ornithischia waren alle Pflanzenfresser. Zu ihnen gehörten vier Hauptgruppen, nämlich Ankylosauria (Ankylosaurus), Stegosauria (Kentrosaurus), Ceratopia (Styracosaurus) und Ornithopoda (Echinodon, Edmontosaurus, Iguanodon, etc).

Eine weitere Gemeinsamkeit der Ornithischia waren die leicht nach innen versetzten Backenzähne, die von Wangen umschlossen waren. Dadurch hatten die Dinosaurier die Möglichkeit, die Nahrung während des Kauvorganges im Mund zu halten.

Alle Dinosaurier hatten eine aufgerichtete Körperhaltung und liefen mit durchgedrückten Knien bzw. Ellbogen und mussten daher nicht wie Eidechsen oder Krokodile am Boden kriechen.

Ordnungen

Nachdem im Jahre 1841 der Begriff der Dinosaurier geprägt war, wurden zahlreiche weitere Dinosaurierfossilien entdeckt. Daher schlug man verschiedene Klassifikationssysteme für diese „neuen" Arten vor.

Im Jahre 1887 fand der englische Anatom Seeley heraus, dass es zwei grundlegend verschiedene Beckenformen bei den Dinosauriern, wie auf Seite 11 beschrieben, gab.

Diese beiden Ordnungen gliedern sich in Unterordnungen, denen die einzelnen Dinosaurierfamilien nach verschiedenen Kriterien wie beispielsweise Fleisch- und Pflanzenfressern, Fortbewegungsart und Größe unterstellt werden.

Ebenso werden die anderen Reptilien wie die Flug- und Meeressaurier, die Krokodile usw. in eigene Ordnungen mit Unterordnungen und Familien gestellt.

Tyrannosaurus

Gallimimus

Theropoda

Die Theropoden gehörten zu den Sauriern mit dem Echsenbecken (Saurischia). Gewöhnlich waren sie Zweibeiner und Fleischfresser. Sie lassen sich in zwei weitere Infraordnungen teilen:

1. Coelurosauria (Hohlknochensaurier). Es handelt sich um kleine leichtgebaute Saurier. Ihr Name bezieht sich auf die dünnwandigen Hohlknochen, aus denen der größte Teil ihres Skelettes besteht.

2. Carnosauria (Fleischechsen). Zu diesen gehören die großen, schwer gebauten Räuber und die mittelgroßen Fleischfresser.

Die Coelurosauria bestehen aus mehreren Familien. Zu den ältesten zählen die Podokesauriden, die von der späten Trias bis zum frühen Jura existierten. Sie waren ihren direkten Vorfahren, den Thecodonten, aus denen schließlich die Dinosaurier, die Flugsaurier und die Krokodile hervorgingen, noch sehr ähnlich.

Ebenso wie die Familie der Coeluridae waren es aktive, flinke Räuber, die sich mit ihren schlanken Körpern auf zwei Beinen bewegten. Lange Schwänze hielten dabei das Gleichgewicht. Mit ihren krallenbesetzten Vordergliedmaßen schnappten sie ihre Beute.

Ein Seitenzweig der Coelurosauria ist die Familie der Ornithomimidae. Diese straußenartigen Tiere (durchschnittliche Länge 3 Meter) waren zahnlose schnelle Läufer mit langen Beinen. Zu ihnen gehörte Gallimimus. Er war mit seinen 4 Metern der größte seiner Familie.

Besonders wilde Räuber müssen die Angehörigen der Dromaeosauridae gewesen sein. Sie lebten zur Kreidezeit in Nordamerika und Asien. Sie hatten zwar den Körperleichtbau der Coelurosauria, aber den schweren Schädel der Carnosauria. Zu dieser Gruppe gehörte beispielsweise Deinonychus.

Die Carnosauria waren meist gewaltige Tiere mit schwerem Knochenbau. Zu ihnen gehörten etliche Familien.

Die größten Fleischfresser des Oberjura waren die Allosauriden, die nur noch von Tyrannosaurus in der Kreidezeit übertroffen wurden. Der größte

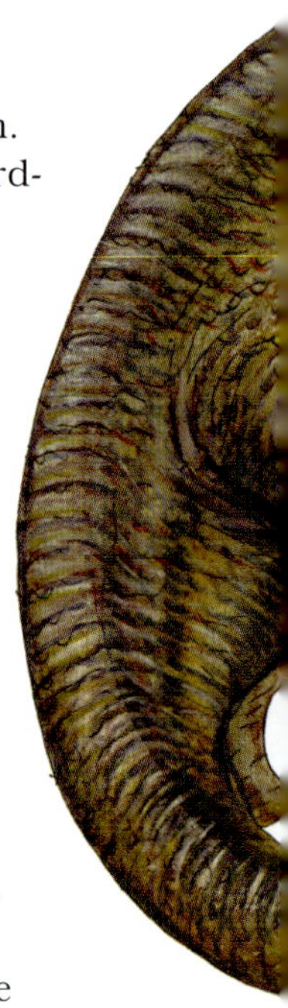

Allosauria war der Namensgeber dieser Familie, Allosaurus, mit einer Länge von 12 Metern.

Etwas früher, vom Unterjura an, gab es die Familie der Megalosauridae. Sie hatte einen kräftigen Körperbau und einen schweren Kopf mit zahlreichen scharfen Zähnen. Zur Familie gehörte u. a. Dilophosaurus und Megalosaurus.

Eine Kleinigkeit unterschied die Ceratosauridae von den Megalosauridae: auf der Schnauze befand sich ein kleines Horn bzw. ein Kamm. Ceratosaurus war ein Vertreter dieser Familie.

Wahrscheinlich ebenfalls aus den Megalosauridae entwickelt haben sich die Spinosauriden. Sie hatten als Kennzeichen ein Segel oder einen Kamm auf ihrem Rücken wie bei Spinosaurus zu sehen.

Die wahrscheinlich größten Carnosauria des Festlandes waren die Tyrannosauriden. Zu ihnen gehörte der wohl populärste Dinosaurier „Tyrannosaurus".

Plateosaurus

Sauropodomorpha

Die Sauropodomorpha zählten zu den Echsenbecken-Sauriern (Saurischia). Es waren Pflanzenfresser, die auf allen Vieren gingen. Nach der Größe lassen sie sich in Prosauropoden und Sauropoden mit ihren jeweiligen Familien gliedern. Hielt

Diplodocus

man früher die Prosauropoden für die Vorläufer der Sauropoden, so glaubt man heute, sie stellen einen Seitenzweig dar. Ihre Vorfahren sind vermutlich in den Vorfahren der Theropoden zu suchen.

Die wohl ältesten Prosauropoden waren die Anchisauriden. Sie ähnelten den etwas größeren Plateosauriden, von denen Plateosaurus wohl der bekannteste ist.

Die Sauropoden enthielten die Familien mit den größten Tieren, die es je auf dem Festland gegeben hat. Ihr Äußeres war durch einen kleinen Kopf, einen langen Hals, einen großen Körper mit dicken Beinen und einem langen Schwanz geprägt.

Wichtige Familien waren die Brachiosauriden (Brachiosaurus), die Diplodociden (Diplodocus, Apatosaurus, Mamenchisaurus) und die Camarasauriden (Camarasaurus).

Pachycephalosaurus

Die letzte Familie der Sauropoden waren die Titanosauriden. Sie hielten sich etwa 80 Millionen Jahre bis zum Ende der Kreidezeit.

Ornithopoda

Die Ornithopoden, auch Vogelfüßer genannt, gehörten zu den Vogelbecken-Dinosauriern (Ornithischia). Es waren zweibeinige Pflanzenfresser, die meist relativ klein und flink wa ren. Dabei sahen sie den Coelurosauria, die zu den Theropoden gehörten, ähnlich.

In der Familie der Fabrosauridae gab es u. a. Echinodon und Lesothosaurus.

Heterodontosaurus

Zur Familie der Heterodontosauridae gehörten Pisanosaurus und Heterodontosaurus.

Die Pachycephalosauridae waren Dinosaurier mit massivem Schädeldach. Sie kamen seltener vor. Bis auf eine Ausnahme (Yaverlandia) gab es fossile Funde nur in Zentralasien und Nordamerika. Neben einem kuppelförmigen Schädeldach hatten diese Saurier Verdickungen hinten und seitlich am Kopf bzw. auf der Schnauze. Sie hatten die Form von Halskrausen oder Knubbeln. Ansonsten waren sie den anderen Ornithopoden sehr ähnlich. Ein besonders großes Exemplar war Pachycephalosaurus, der in der späten Kreide lebte.

Iguanodon

Eine wichtige Rolle spielte die Familie der Hypsilophontidae (Hypsilophodon). Diese Tiere, die an die heutigen Gazellen erinnerten, breiteten sich über alle Kontinente aus. Wahrscheinlich gingen aus ihnen zwei weitere Gruppen, die Hadrosauria und die Iguanodons hervor. Die Hadrosauria, auch Entenschnabel-Saurier genannt, hatten die unterschiedlichsten. Höcker und Kämme auf Kopf und Rücken. Ein gemeinsames Merkmal waren aber ihre breiten, abgeflachten Schnauzen, die in einem zahnlosen Schnabel endeten. Weiter hinten im Ober- und Unterkiefer befanden sich mehrere Reihen von Backenzähnen. Angehörige der Familie waren Corythosaurus, Parasaurolophus und Edmontosaurus.

Die Familie der Iguanodontidae war weit verbreitet. Im Gegensatz zu ihren Vorfahren hatten die Tiere aber einen plumpen Körperbau, so dass sie nur langsam laufen konnten. Meist gingen sie auf allen Vieren, konnten sich aber auch auf die Hinterbeine stellen. Iguanodon war der berühmteste Vertreter dieser Familie.

Ankylosaurus

Ankylosauria

Eine weitere Unterordnung der Ornithischia (Vogelbecken-Dinosaurier) waren die Ankylosauria. Diese gepanzerten Dinosaurier traten vermehrt am Ende der Kreidezeit auf. Sie hatten eine starke Kopfpanzerung und auch Rücken und Schwanz trugen schwere Panzerplatten. Diese waren in die ledrige Haut eingelagert und trugen außerdem Stachel und Höcker.

Zu dieser Unterordnung gehörten zwei Familien: die Nodosauriden und die Ankylosauriden. Von den älteren Nodosauriden ist nur wenig bekannt. Man weiß, dass sie einen kleinen Kopf und einen gepanzerten Körper hatten. Gedrungene Beine und breite Füße mussten die schwere Last des Panzers tragen.

Zu den Hauptmerkmalen der Ankylosauriden (Ankylosaurus) gehörten der breite Schädel und eine knöcherne Keule an der Schwanzspitze, mit deren seitlichen Schlägen sie dem Gegner erhebliche Verletzungen zufügen konnten.

Ceratopia

Die Horndinosaurier waren eine Gruppe der Vogelbecken-Dinosaurier (Ornithischia), die erst in der Kreidezeit auftrat. Diese Pflanzenfresser hatten ihre Panzerung nur im Bereich des Kopfes.

Zu ihren Vorfahren gehörte die Familie der Psittacosauridae, auch Papageien-Dinosaurier genannt. Sie konnten aufrecht gehen. Beispielhaft war Psittacosaurus aus Asien.

Ebenfalls vermutlich aus den Psittacosauriden entstanden ist die Familie der Protoceratopidae. Hier handelte es sich um primitive Hornsaurier, die sich meist auf allen Vieren bewegten. Nicht alle von ihnen hatten Hörner. Die Protoceratopidae waren insgesamt kleiner als die späteren Ceratopidae.

Die Familie der Ceratopidae, zu denen Triceratops und Styracosaurus gehörten, wurde nur in Nordamerika gefunden. Diese Dinosaurier trugen ihren massigen Körper auf vier säulenartigen Beinen. Auffällig für diese Arten waren die Nackenschilde in unterschiedlicher Größe sowie die Stirnhörner. Ihre scharfen Kiefer waren zahnlos.

Triceratops

Stegosauria

Eine weitere Gruppe der Ornithischia (Vogelbecken-Dinosaurier) waren die Stegosauria. Sie hatten kleine Köpfe und einen massigen Körper, der auf seinem Rücken große hochragende Knochenplatten trug. Diese setzten sich meist in Stachelform bis zum Schwanzende fort.

Die Familie der Stegosauridae hatte ihre Blütezeit im späten Jura. Man fand sie in Nordamerika, Afrika, Asien und Europa. Angehörige der Familie waren natürlich Stegosaurus, Tuojiangosaurus und Kentrosaurus.

Stegosaurus

Pterosauria

Die Pterosauria waren die Geier der Urzeit. Sie entwickelten sich im späten Trias und hatten ihre Blütezeit im Jura und der frühen Kreide. Zu ihnen gehören die größten fliegenden Wesen, die je gelebt haben. Fossile Funde werden auf der ganzen Welt gemacht.

Man unterscheidet zwei Unterordnungen: Rhamphorhynchoidea und Pterodactyloidea. Die Rhamphorhynchoidea waren die ältesten Flugsaurier. Sie hatten einen relativ großen Kopf, der aber durch Schädelöffnungen im Gewicht reduziert war. Ihr Schwanz war ziemlich lang und bestand aus verknöcherten Sehnen, die ihn starr machten. Über den Hals und die Fingerknochen spannte sich eine Flughaut auf, die auch an den Oberschenkeln ansetzte. Zur Familie gehörten u. a. Eudimorphodon und Rhamphorhynchus.

Eudimorphodon

Die Familie der Pterodactyloidea hatte einen ähnlichen Körperaufbau wie die Rhamphorhynchoidea. Sie hatten meist einen kürzeren Schwanz und waren nicht alle flugfähig. Beispielhaft für diese Gruppe war der größte Flugsaurier namens Pteranodon.

Reptilien des Meeres

Zu den meeresbewohnenden Reptilien gehörten vier Gruppen, die sich unterschiedlich an das Leben im Meer angepasst hatten:

1. **Nothosauria**
2. **Placodontia**
3. **Plesiosauria**
4. **Ichthyosauria**

Die **Nothosauria** setzten sich aus mehreren Familien zusammen. Am bekanntesten ist die Familie der Nothosauridae mit ihrem Namensgeber Nothosaurus. Dieser führte ein ähnliches Leben wie die heutigen Robben, also am Land und im Meer. Seine Nahrung bestand aus Fischen.

Nothosaurus

Die **Placodontia** bestanden aus verschiedenen Familien: Die Cyamodontidae ähnelten den heutigen Schildkröten mit einem Panzer auf dem Rücken. Sie lebten von der mittleren bis zur oberen Trias.

Die Familie der Henondontidae war den Schildkröten von heute vom äußeren her noch ähnlicher. Sie hatte bereits Panzer auf Rücken- und Bauchseite und einen Hornschnabel. Man fand sie vor allem in der späten Trias.

Die Familie der **Placodontidae** lebte in den Flachwasserzonen, wo sie sich von Muscheln ernährte. Placodus war beispielhaft für diese Familie.

Zur Ordnung der **Plesiosauria** gab es die Überfamilie der Pliosauroidea und die der Plesiosauroidea. Ihnen gehörten zahlreiche Unterfamilien an. Bei beiden gab es Arten, die 12 bis 14 Meter lang wurden.

Während die Plesiosauria, zu denen Elasmosaurus und Plesiosaurus gehörten, sich überwiegend von Fischen ernährten, jagten Pliosauria Haie und Ichthyosauria.

Die **Ichthyosauria** waren am meisten an das Leben im Meer angepasst. Sie konnten ihre Jungen im Meer zur Welt bringen. Ihr Körperbau erlaubte es nicht mehr das Land aufzusuchen, denn sie waren ähnlich gebaut wie unsere heutigen Delphine.

Einige zur Ordnung der Ichthyosauria gehörende Familie waren die Mixosauridae (Mixosaurus), die Ichthyosauridae (Ichthyosaurus) und die Leptopterygiidae, die zu den letzten Fischsauriern zählten.

Frühe Diapsiden

Die meisten Reptilien der heutigen Zeit gehören zur Unterklasse der Diapsiden. Sie sind die Vorfahren unserer Echsen und Schlangen. Ebenso die ausgestorbenen Flugsaurier und Dinosaurier stammen von ihnen ab.

Elasmosaurus

Eine der primitivsten Ordnungen der Diapsiden waren die Araeoscelida. Sie hatten ein eidechsenähnliches Aussehen mit langem Hals

Araeoscelis

und dünnen Beinen. Ein Vertreter dieser Ordnung war Araeoscelis, ein kleines Tier von 60 Zentimeter Länge, das im Perm gelebt hat.

Einige weitere dieser zahlreichen Ordnungen waren die der Thalattosauria, Eosuchia und Sphenodonta. Von den Sphenodonta gibt es heute noch die Brückenechse, die auf Neuseeland lebt.

Frühe Archosauria/ Krokodile

Eine große Gruppe von „Herrscherreptilien“ waren die Archosauria. Sie setzten sich zusammen aus den 4 Ordnungen der Ornithischia, Saurischia, Pterosauria und Crocodyla. Die Archosauria entwickelten sich aus den Thecodontia, die im Oberperm auftraten. Während der Trias hatten sie ihre größte Vielfalt, an deren Ende starben sie aus.

Es handelte sich um eidechsen- und krokodilähnliche Reptilien, die eine Besonderheit gemeinsam hatten: ein jeder Zahn wuchs aus einer eigenen Höhle im Kiefer und nicht direkt aus der Kieferknochenoberfläche. Dieses unterschied die Thecodontia von allen anderen Reptilien ihrer Zeit.

Protosuchus

Die Thecodontia setzten sich aus fünf verschiedenen Unterordnungen zusammen. Als älteste Gruppe existierten die Proterusuchia, von denen wahrscheinlich die anderen Gruppen abstammten.

Die Unterordnung Phytosauria waren krokodilähnliche Thecodontia, die im Wasser lebten und wahrscheinlich andere Reptilien fraßen. In der Unterordnung Rauisuchia gab es räuberische Landtiere. Bei ihnen waren die hinteren Gliedmaßen schon etwas weiter unten am Körper angesetzt als bei Proterusuchia. Pflanzenfressende Thecodontia gehörten zur Unterordnung der Aetosauria, die in der späten Trias lebten.

In der Unterordnung der Ornithosuchia sehen Wissenschaftler die Verbindung zwischen den vierbeinigen Thecodontia und den zweibeinigen Dinosauriern. Die den Dinosauriern am ähnlichsten sehende Gruppe der Ornithosuchia ist die der Familie Lagosuchidae (Lagosuchus). Manche halten diese sogar für die Vorfahren der Pterosauria.

Lagosuchus

Die Archosauria, die wohl am erfolgreichsten waren, sind die Krokodile. Sie haben sich wahrscheinlich aus den Ornithosuchia entwickelt und als einzige bis heute überlebt. Ein Beispiel für ein frühes Krokodil war Protosuchus. Es lebte im frühen Jurazeitalter in Nordamerika und war unseren heutigen Krokodilen schon sehr ähnlich.

Cynognathus

Dimetrodon

Pelycosauria/ Therapsiden

Die ältesten säugetierähnlichen Reptilien waren die Pelycosauria. Diese gliederten sich in die Familien der Ophiacodontidae, Edaphosauridae und Sphenacodontidae, aus denen sich vermutlich die höher entwickelten Therapsiden abspalteten.

Sie hatten alle eines gemeinsam: durch ihren synapsiden Schädel mit einer großen Öffnung hinter den Augenhöhlen konnte sich eine lange Kiefermuskulatur entwickeln. Damit wurde ein kräftigerer Biss und ein weiteres Aufsperren der Kiefer ermöglicht.

Zur Ordnung der Pelycosauria zählten u. a. Dimetrodon, Ophiacodon und Edaphosaurus.

Von Therapsiden, die sich wahrscheinlich schon im frühen Perm abspalteten, sind fossile Funde erst ab dem späten Perm gefunden worden. Zu ihnen gehörten die Fleisch fressenden Reptilien Titanosuchus und Lycaenops. Auch Cynognathus gehörte zu einer Therapsiden-Gruppe, den Cynodontia. Diese hatten besonders lange existiert, nämlich 80 Millionen Jahre (spätes Perm- bis mittleres Jurazeitalter). Sie zählen zu den direkten Vorfahren der Säuger.

Familienleben

Zahlreiche fossile Funde geben uns Aufschluss über das Familienleben der Dinosaurier. Besonders interessant war eine Entdeckung in den Zwanziger Jahren in der südwestlichen Mongolei. Hier fand man in einer Vertiefung die Nester und Eier eines kleinen Horndinosauriers (Protoceratops). Bis zu 20 ovale und relativ lange Eier, waren kreisförmig angeordnet. Daneben fand man auch mehrere Skelette dieser Hornsaurierart. Wahrscheinlich hatte die Mutter eine Art Grube ausgehoben, in die sie sich hockte, um dort ein Ei nach dem anderen abzulegen. Die Eier waren leicht mit Sand bedeckt. Entweder wurde dieser Sand von der Sonne erwärmt oder die Lufttemperatur war ausreichend, um die Eier auszubrüten.

Sicher ist, dass diese zerbrechlichen Gelege nicht von den Dinosauriern selbst bebrütet wurden. In Montana fand man mehrere Nester mit Gelegen, die mit Pflanzenresten wie beim Kompost bedeckt waren. In den Nestern lagen die Eier unversehrt. Lediglich die Schlupfstelle war aufgebrochen. Daher vermutet man, dass diese Dinosaurier Nestflüchter waren, d. h. sie konnten gleich nach dem Schlüpfen laufen und ihrer Mutter wie die Küken einer Henne folgen. Ebenso dort gefundene Skelette von Jungtieren weisen darauf hin, dass die Jungen zwar das Nest verließen, sich aber noch längere Zeit in der Nähe aufhielten.

An anderer Stelle wurden Nester gefunden, in denen versteinerte Junge lagen. Diese Nesthocker waren wohl nach dem Schlüpfen in ihren Nestern geblieben und wurden dort versorgt. Auch die im Nest zertretenen Eierschalen weisen darauf hin. Wahrscheinlich wurden die Eltern der Kleinen während der Nahrungssuche getötet und die Jungen verhungerten, weil sie in den Nestern auf die Rückkehr der Eltern warteten.

Wie zahlreiche Funde zeigen, lebten viele Dinosaurier in Rudeln zusammen. So bildeten sie regelrechte Brutkolonien und konnten sich gegenseitig bei der Bewachung der Nester helfen. Die größten Eier, die man fand, stammen übrigens von Sauropoden, den riesigen Pflanzenfressern. Ein einzelnes Ei wog 7 Kilogramm.

Untergang

Für die Wissenschaft ist immer noch nicht geklärt, wie es zum Untergang der Dinosaurier vor über 65 Millionen Jahren kam. Gemeinsam mit ihnen starben auch ein Teil der anderen Lebewesen aus, während viele Arten überlebten. Zu den aussterbenden Arten zählten unter anderem Meeresreptilien wie Plesiosaurier und Ichthyosaurier. Auch die Krokodilarten, die im Meer lebten, starben. Die Süßwasserkrokodile jedoch blieben verschont. Die Flugsaurier verschwanden von der Bildfläche, die Vögel aber existierten weiter. Ebenso überstanden beispielsweise die Schildkröten und Frösche sowie die Säugetiere.

Aber zurück zu den Dinosauriern: Man kann zwar anhand von Fossilien sagen, wann bestimmte Arten vermehrt auftauchten, aber es lässt sich nicht feststellen, ob das endgültige Aussterben der Dinosaurier innerhalb einer kurzen Zeitspanne oder innerhalb einer Million Jahre stattfand. So haben sich im Laufe der Jahrzehnte verschiedene Theorien ergeben: Wenig überzeugend klingt die Theorie, die Dinosaurier hätten sich im Lauf der Zeit so stark vermehrt, dass es zu einer Überbevölkerung gekommen sei und in diesem Zuge wegen der ständigen Stresssituation Fortpflanzungsprobleme aufgetaucht wären.

Das epidemische Auftreten von Krankheiten kann auch nicht die Ursache für das Aussterben gewesen sein. So viele unterschiedliche Arten lebten auf so verschiedenen Kontinenten, das nicht alle diese Arten ausgestorben wären. Ebenso wenig glaubt man mittlerweile noch daran, dass die Dinosaurier sich gegenseitig aufgefressen haben, d. h. Fleischfresser fraßen die Pflanzenfresser und verhungerten, weil keine Nachkommen mehr da waren.

Eine weitere Theorie vermutet, dass sich im Laufe der Zeit neue Pflanzen entwickelten, die Gift enthielten, das für die Dinosaurier tödlich war. Einige Wissenschaftler vermuten, dass besondere Klimaveränderungen vor 65 Millionen Jahren stattfanden. Das bis dahin gleichmäßig warme Klima wechselte zu jahreszeitlichen Schwankungen.

Eine vielerseits vertretene Meinung ist die, dass der Aufprall eines Meteoriten das Leben der Dinosaurier ausgelöscht hat. Diese Auffassung beruht auf einem Fund in einer 65 Millionen Jahre alten Gesteinsschicht, in der viel Iridium nachgewiesen wurde. Dieses Element kommt sehr selten auf der Erde vor. Man findet es jedoch häufiger in Meteoritenstaub. Nach Auffassung der Wissenschaftler habe dieser gewaltige Meteorit, der mindestens 10 Kilometer Durchmesser gehabt haben muss, eine so große Staubwolke aufgewirbelt, dass für einige Jahre kein Sonnenlicht mehr auf die Erde dringen konnte. Dadurch hörte das

Gestein aus der Kreidezeit

Iridiumschicht

Meteoriteneinschlag auf der Erde

Pflanzenwachstum auf und ließ die Pflanzenfresser verhungern. Außerdem wurde es kalt auf der Erde, so dass die Tiere erfrieren mussten.

Nach Absetzen der Staubmassen wurde es auf der Erde sehr heiß, weil der vom Meteoriten erzeugte Wasserdampf die Sonnenhitze gespeichert hatte. Die jetzt entstandene Hitze ließ die Dinosaurier sterben, weil sie unter diesen Temperaturen nicht existieren konnten.

Man hat festgestellt, dass es in der Kreidezeit zu einer Vielzahl von Vulkanausbrüchen kam, die über einige Millionen Jahre lang immer wieder ihre Lavamassen ausstießen. Dabei wurde auch bei einigen Vulkanformen das schon erwähnte Iridium in hoher Konzentration ausgestoßen. Besonders betroffen waren der westliche Teil der Vereinigten Staaten, Grönland, Teile Großbritanniens, aber vor allem Indien. Hier, in den Deccan Traps (Indien), fand man in Sedimenten, die von Lavamassen eingeschlossen waren, die Nistkolonien und Eier der letzten Tiere der Art Titanosaurus (Sauropoden von Gondwana). Was auch immer der Auslöser für das Dinosauriersterben war, die Dinosaurier leben durch das Interesse des Menschen an diesen prähistorischen Tieren weiter.

Fossilisation

Ichthyosaurus; Versteinerung aus dem Schwäbischen Jura bei Holzminden.

Trilobit; Versteinerung aus dem Erdzeitalter des Kambrium.

Als Fossilien bezeichnet man die erhalten gebliebenen Reste von Pflanzen oder Tieren, die in der erdgeschichtlichen Vergangenheit existiert haben. Es können Knochen, Fußspuren oder Schalen sein, ebenso Abdrücke von Blättern oder Weichteilen. Damit diese Reste erhalten bleiben, also fossilisiert werden, sind bestimmte Voraussetzungen erforderlich. Das abgestorbene Lebewesen muss möglichst schnell eingebettet sein in eine Umgebung, in der es nicht gefressen werden kann. Außerdem sollte es möglichst nicht mehr der Luft ausgesetzt sein, damit eine Verwesung nur langsam einsetzt. Auch Wind und Wasser können zerstörend auf einen Kadaver wirken.

Wie kommt es nun zur Fossilisation? Günstigstenfalls wird ein Tier oder eine Pflanze direkt nach dem Absterben beispielsweise am Strand oder in der Wüste von Sand bedeckt. Herabfließende Lava eines Vulkanes hätte einen ähnlichen Effekt. Auch das Absinken in einem Fluss oder See ist möglich, ebenso große Kälteeinwirkung. In allen Fällen bedecken Sedimente, die sich nach und nach aufschichten, die abgestorbenen Organismen. Jetzt kommt es zu Zersetzungsprozessen. Muskeln, Haut, Sehnen usw. können sich, wenn sie sich im Wasser befinden, auflösen. Auch die Hauptbestandteile der Knochen, Eiweiß- und Mineralstoffe, zersetzen sich, so dass sich ein Hohlraum ergibt, der einen Negativabdruck des Knochens hinterlässt.

Manchmal setzen sich mineralische Stoffe des Wassers Stück für Stück an die Stelle der Knochenbestandteile, so dass zum Schluss ein versteinerter Knochen entsteht. Idealere Bedingungen sind Trockenheit und Sauerstoffausschluss. Durch Überdeckung des Organismus mit Sand, Ton oder anderen sauerstoffundurchlässigen Materialien kommt es zur allmählichen Versteinerung der Hartteile.

Durch fortwährende Überlagerung mit Sedimenten und Bewegungen der Erdkruste können Fossilien über Millionen von Jahren verborgen bleiben und schließlich durch weitere Erdverschiebungen oder Erosionen wieder freigelegt werden.

Da jede Sedimentschicht einem bestimmten Erdzeitalter zugeordnet werden kann, ist es auch möglich, anhand von Fossilien festzustellen, welche Tiere über einen bestimmten Zeitraum gelebt haben. Die Geschichte der Dinosaurier begann im Mesozoikum, dem Erdmittelalter. Hier wurden Fossilien in Gesteinsschichten gefunden, die dieses belegen. Dieses gilt gleichermaßen für pflanzliche Fossilien.

Anhand anderer Gesteinsschichten lässt sich das plötzliche Aussterben der Dinosaurier belegen, indem dort plötzlich alle Arten völlig fehlten.

KAPITEL 2

Urzeit/Frühzeit

Aus dem Zeitalter des Archaikums, das die ersten 1,5 Milliarden Jahre nach Entstehung der Erde umfasst, ist uns nur sehr wenig bekannt. Auch wie die Erde sich gebildet hat, ist nicht ganz klar. Entweder entstand das Planetensystem, und damit auch unsere Erde, aus Abspaltung von der Sonne oder durch Zusammenballung kosmischer Partikel.

Nachdem sich die Sonne unter gewaltiger Hitze und Kontraktion im Weltall gebildet hatte, begann diese abzukühlen. Durch Kondensation weiterer umherwirbelnder Stoffe zu Gas, Eis und radioaktiven Teilchen bildeten sich weitere Himmelskörper (Planetoide), die durch Schwerkraft immer mehr Teilchen an sich zogen, bis sie schließlich zu Planeten wurden, die die Sonne umkreisen. Bis zur Entstehung der Sonne und der Protoplaneten sollen mindestens 10 Milliarden Jahre vergangen sein. Vor etwa 5 Milliarden Jahren soll der Prozess der Bildung der Planeten mit den sie umgebenden Monden abgeschlossen gewesen sein. Hier beginnt das Archaikum. Nach Bildung des Erdballs kühlte dieser langsam ab, ebenso die Atmosphäre. Es bildete sich Wasser, das wiederum verdunstete und schließlich als „Urregen“ wieder auf die sich immer weiter abkühlende Erdoberfläche fiel. Dadurch wurden die bestehenden Steine zersetzt und es entstanden erste Ablagerungsgesteine. Der für Tiere und Pflanzen notwendige Sauerstoff stand noch nicht zur Verfügung. Damit konnte eigentlich kein Leben auf der Erde entstehen. Die Sternzeit (Entstehung der Erde) und die Urzeit gingen über in das Präkambrium.

Präkambrium

Das Präkambrium, auch als Eozoikum bezeichnet, umfasst den größten Teil unseres Erdalters, nämlich etwa 9/10. Innerhalb dieser gewaltigen Zeitspanne, die sich auf 3 Milliarden Jahre beläuft, haben sich das Meer und das Land entwickelt. Es bildete sich eine Atmosphäre, die uns erst ein Leben auf der Erde ermöglichte.

In den letzten Jahren sind in mehreren Erdteilen Gesteine gefunden worden, die nach genauen Untersuchungen und Berechnungen bis zu 3,8 Milliarden Jahre alt sind. Die ältesten stammen aus Sedimentgesteinen Südafrikas und Grönlands. Aus dieser Periode gibt es nur wenige fossile Organismen. Der überwiegende Teil davon besteht aus Pflanzen.

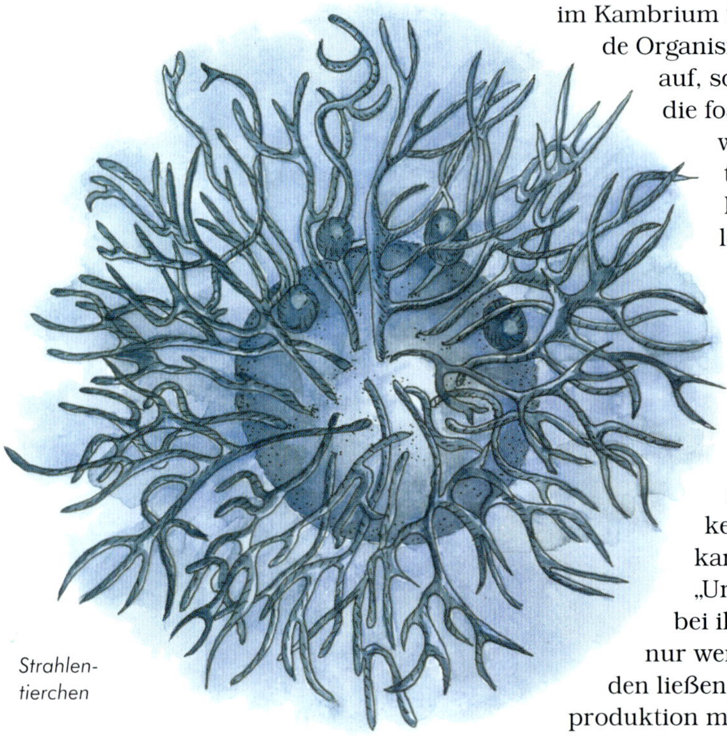
Strahlentierchen

In den ältesten Gesteinen findet man vor allem fadenförmige und kugelförmige Mikroorganismen wie einzellige Algen, in jüngeren Gesteinen schon verzweigte Blaualgen und primitive Pilze. Diese fand man in Kieselkalken in Ontario und in Gesteinen von Minnesota und Großbritannien.

Tierische Fossilien sind im Präkambrium nur sehr selten nachzuweisen. Es gab wahrscheinlich erst zum Ende dieses Zeitalters überwiegend Hohltiere, Gliederwürmer, Strahlentierchen und Medusen. Diese Weichtiere sind schwer fossilisierbar und daher nur selten zu finden. Erst im Kambrium treten vermehrt lebende Organismen mit Hartteilen auf, so dass aus dieser Zeit die fossilen Funde häufiger werden. Alle kontinentalen Bereiche des Präkambriums müssen leer und trostlos gewesen sein. Es gab wahrscheinlich ungeheure Massen an kahlen Felsen, denn das allmählich entstehende Leben entwickelte sich in den Flachmeeren. Nachdem kernlose Einzeller (Prokaryoten) sich aus der „Ursuppe" ernährten und bei ihrer Energiegewinnung nur wenig Sauerstoff frei werden ließen, wurde die Sauerstoffproduktion mit dem Auftreten von organischen Stoffen wie Chlorophyll stark erhöht. Allmählich stieg der Sauerstoffgehalt unter Mitwirkung der Sonneneinstrahlung an.

Es erhöhte sich auch sein Gehalt in der Atmosphäre, so dass sich bald eine schützende Ozonschicht bildete, die die vernichtende ultraviolette Strahlung der Sonne abhielt. Unter diesem Schutz war es erst möglich, dass sich eine lebende Welt auf der Erde entwickeln konnte. Man vermutet Temperaturen von 0 bis 50 Grad Celsius, denn nur unter diesen Voraussetzungen ist eine Lebensentwicklung möglich.

Vielleicht hat es auch ausgedehnte Vereisungen in dieser Zeit gegeben. Die komplette Erde ist nie mit Eismassen überzogen gewesen. Mit Beginn des Kambriums entwickelte sich eine Vielfalt von primitiven Arten im Meer, wie zahlreiche Fossilien belegen.

Zum Ende des Präkambriums bevölkerten Tiere und Pflanzen schon in großer Zahl den Meeresboden. Jedoch waren diese Lebewesen noch recht einfach gebaut. Neben Algen, die das Reich der Pflanzen repräsentieren, gab es verschiedene Arten von Schwämmen und Hohltieren. Schwämme bestehen eigentlich nur aus einem Hohlraum, den eine Doppelschicht Zellen begrenzt. Hohltiere besitzen bereits einige spezialisierte Zellen. Die Tiere bilden im Lauf ihres Lebens festsitzende Formen (Polypen) und frei schwimmende (Quallen).

Auf dem Weg ins Leben

Woher kommt das Leben? An welcher Stelle des Weltalls ist es zuerst aufgetaucht? In welchem Meer und auf welchem Festland entwickelten sich erste Zellen? Fragen, die wohl niemals endgültig geklärt werden können.

Unser Sonnensystem, zu dem ja auch die Erde gehört, ist vor über 4,6 Milliarden Jahren entstanden. Bis heute weiß niemand genau, was die Auslöser für das erste Leben auf der Erde waren. Eigentlich war ein Entstehen des Lebens bei den auf der Erde herrschenden Zuständen gar nicht möglich.

Die Atmosphäre enthielt keinen Sauerstoff, sondern giftige Gase, starke UV-Sonnenstrahlen brannten auf die Erde hinab. Ständig wüteten Gewitter und Vulkanausbrüche. Die Oberfläche des Festlandes war unruhig und veränderte sich stetig. Und doch gab es einen geschützten Platz: das Wasser!

Vermutlich entstanden dort vor 3,8 Milliarden Jahren die ersten Anzeichen von Leben, als sich die Wogen der Meere allmählich glätteten. Früheste Beweise dafür sind Gesteine mit mikroskopisch winzigen Partikeln, die erste bakterienartige Lebensformen sein könnten.

In dieser Zeit setzten chemische Reaktionen ein und in der Ursuppe entwickelten sich unter der Wärme der Sonne irgendwann Molekülketten, über deren Vermehrung man bis heute nur sehr wenig weiß.

Die ersten Einzeller traten auf. Man nennt sie Protisten. Es gibt sie heute noch. Bakterien und Blaualgen zählten dazu. Sie hatten noch keinen Zellkern. In 3,5 Milliarden alten Gesteinen fand man besondere schichtförmige Kalkablagerungen (so genannte Stromatolithen), die wohl in flachen Gewässern von Blaualgen ausgeschieden wurden.

Fast zwei Millionen Jahre lang gab es nur diese Form der einzelligen Lebewesen. Einige der frühen Zellen konnten schließlich Chlorophyll bilden. Das ermöglichte eine Photosynthese, wobei Sauerstoff als Abfallprodukt entstand. Dieser entwich in die Atmosphäre.

Starker Sonnenstrahlung ausgesetzt bildete sich allmählich Ozon, ein Gas, das einen Großteil der Strahlen aus dem Weltall abhielt. Unter der sauerstoffhaltigen Atmosphäre bildeten sich vor 1,3 Milliarden Jahren hoch entwickelte Zellen mit einem Kern und einer Membran.

Vor etwa 680 Millionen Jahren entwickelten sich die Einzeller zu mehrzelligen Organismen. So entstanden allmählich nach den Meeresalgen auch die ersten Meerestiere, die Quallen. Das geschah vor etwa 600 Millionen Jahren.

Die ersten Tiere mit einem harten Außenskelett bildeten sich im Kambrium vor 510 bis 570 Millionen Jahren. Im Devon entstanden die ersten Landpflanzen. Sie bildeten eine Blatthaut aus, die eine schnelle Wasserverdunstung verhinderte. Die ersten Amphibien sind vor 365 Millionen Jahren an Land gegangen. Zur Eiablage brauchten sie jedoch noch den Schutz des Wassers.

Mit den ersten Reptilien vor 340 Millionen Jahren wurde erstmals das Festland besiedelt. Ihre besondere Hautstruktur (Schuppenbildung schützte vor dem Austrocknen) und auch die Umhüllung ihrer Eier (zur Speicherung eines eigenen Wasservorrates) machte sie unabhängig von den Gewässern.

In den nun folgenden Jahrmillionen entwickelten sich zahlreiche Arten von Reptilien an Land, darunter auch die Dinosaurier. Andere Reptilien lebten im Meer oder in der Luft. Mit dem Aussterben der Dinosaurier vor 65 Millionen Jahren entwickelten sich die zunächst kleinen Säuger zu großer Vielfalt. In den Meeren tum-

Erste Zellen vor 3,8 Milliarden Jahren

Erste Knochenfische vo[r] 410 Millonen Jahren

melten sich riesige Wale, Vögel schwangen sich in die Luft.

Aus diesen Zeiten hat man zahlreiche fossile Beweise über das Vorhandensein längst ausgestorbener Tierarten. Daher weiß man, dass viele damalige Lebewesen, gleichgültig ob Säuger, Reptil, Vogel oder Insekt, den heutigen Formen sehr ähnlich waren.

Die Menschen, die heute die Herrschaft über die Erde übernommen haben, haben sich erst vor wenigen Millionen Jahren entwickelt. Und obwohl sie im Vergleich zum gesamten Erdalter nur einen Bruchteil lang auf der Erde sind, haben sie bereits viele entscheidende Veränderungen herbeigeführt, die das Gleichgewicht unserer Erde stören.

Erste Reptilien vor 340 Millionen Jahren

Erste Dinosaurier vor 230 Millionen Jahren

Immer schneller und komplizierter wurden die Lebewesen während der Erdgeschichte. Vor knapp 4 Millionen Jahren entstanden die ersten Zellen. Daraus entwickelten sich immer spezialisiertere Mehrzeller, aus denen später die Wirbeltiere hervorgingen. Fische bekamen vor etwa 400 Millionen Jahren Gliedmaßen, die ihnen den Gang an Land ermöglichten. In der folgenden Stufe konnten sie sich als Reptilien völlig unabhängig vom Wasser machen. Ihren Höhepunkt erreichten sie im Erdmittelalter, als sie als Dinosaurier fast die ganze Welt besiedelten. Nach ihrem Aussterben nahmen Säugetiere langsam ihren Platz ein.

KAPITEL 3

Erd-Altertum

Das Erd-Altertum (Paläozoikum) ist der Zeitabschnitt zwischen dem Präkambrium und dem Erd-Mittelalter (Mesozoikum) und dauerte ungefähr 320 Millionen Jahre. Er wird in verschiedene Abschnitte gegliedert: Kambrium, Ordovizium, Silur, Devon, Karbon und Perm. Im Gegensatz zum Präkambrium waren diese Epochen durch zahlreiche Pflanzen- und Tierarten geprägt. Neben Korallen, Trilobiten und Panzerfischen entwickelten sich Armfüßer (Brachiopoden), Kopffüßer Nautiloidea) und Gliederfüßer (Graptolithen) zu großer Artenvielfalt.

Im Devon fand man zudem Quastenflosser und Amphibien. Später entwickelten sich Seeigel und höhere Fische. Spinnen, Tausendfüßer und Insekten erschienen ebenfalls in dieser Zeit. Im Perm gab es die ersten primitiven Reptilien. Zu ihnen gehörten Dimetrodon, ein Fleischfresser, und Edaphosaurus, ein Pflanzenfresser. Eine andere Art von Reptilien, die Pelycosauria und Therapsida, hatten ein ganz anderes Aussehen. Sie zählten bereits zu den säugerähnlichen Reptilien. Zu ihnen gehörten Ophiacodon und Titanosuchus. Allerdings gab es noch keine Schildkröten, Vögel und Säugetiere.

In der Pflanzenwelt erlebten Meerespflanzen ihre Blütezeit und auch erste Landpflanzen wie Farnsamer und Bärlapp tauchten im Devon auf. Im Karbon entwickelten sich daraus Bäume, die riesige Sumpfwälder bildeten (unsere heutigen Steinkohlevorkommen). Diese wurden vielfach im späten Perm durch primitive Nadelbäume ersetzt.

Kambrium

Fossiler Trilobit

Das Kambrium ist das älteste System des Erd-Altertums (Paläozoikum). Es erhielt seinen Namen nach dem römischen Namen „Camria“ für Nordwales, wo Gesteine dieser Zeit gefunden wurden.

In dieser Zeit, also vor 600 Millionen Jahren, waren alle Urkontinente schon einmal getrennt, bevor sie sich zu Beginn der Triaszeit zu einem Superkontinenten namens Pangaea verbanden. Dieses beweisen paläomagnetische Messungen. So bestand auf der Südhalbkugel eine fast geschlossene Landmasse, aus der sich später Gondwana herausbildete. Diese wurde getrennt durch einen breiteren ozeanischen Gürtel, an den sich auf der Nordhalbkugel stärker gegliederte Kontinentalmassen, die durch Meere getrennt waren, anschlossen. Daraus bildete sich das spätere Laurasia.

Den damaligen Nordpol vermutet man im heutigen Nordwest-Pazifik.

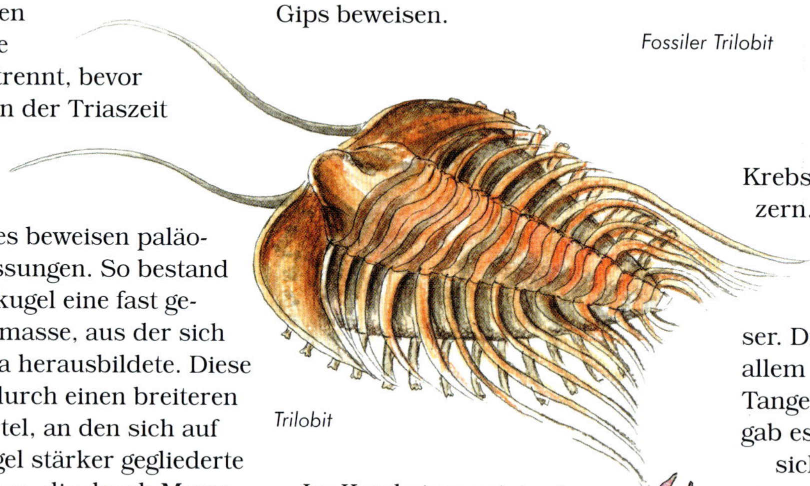

Trilobit

Der Südpol lag wahrscheinlich im heutigen Nordwest-Afrika. Das Klima war anfangs kühl bis gemäßigt. Später kam es zu einer globalen Erwärmung, wie nach Untersuchungen von Wissenschaftlern rote Sandsteine und salinäre Ablagerungen wie Steinsalze und Gips beweisen.

Im Kambrium setzte eine große Entfaltung der Flora- und Faunalandschaft ein. In den Meeren entwickelte sich eine Vielfalt von Trilobiten und Krebstieren mit harten Chininpanzern. Auch frühe Muscheln gab es. Diese Arten lebten auf dem Meeresboden. Quallen und Schwämme schwebten im Wasser. Die Pflanzenwelt bestand vor allem aus verschiedenen Algen und Tangen. Landpflanzen und Landtiere gab es noch nicht. Sie entwickelten sich erst später.

Schwertschwanz (Gliederfüßer)

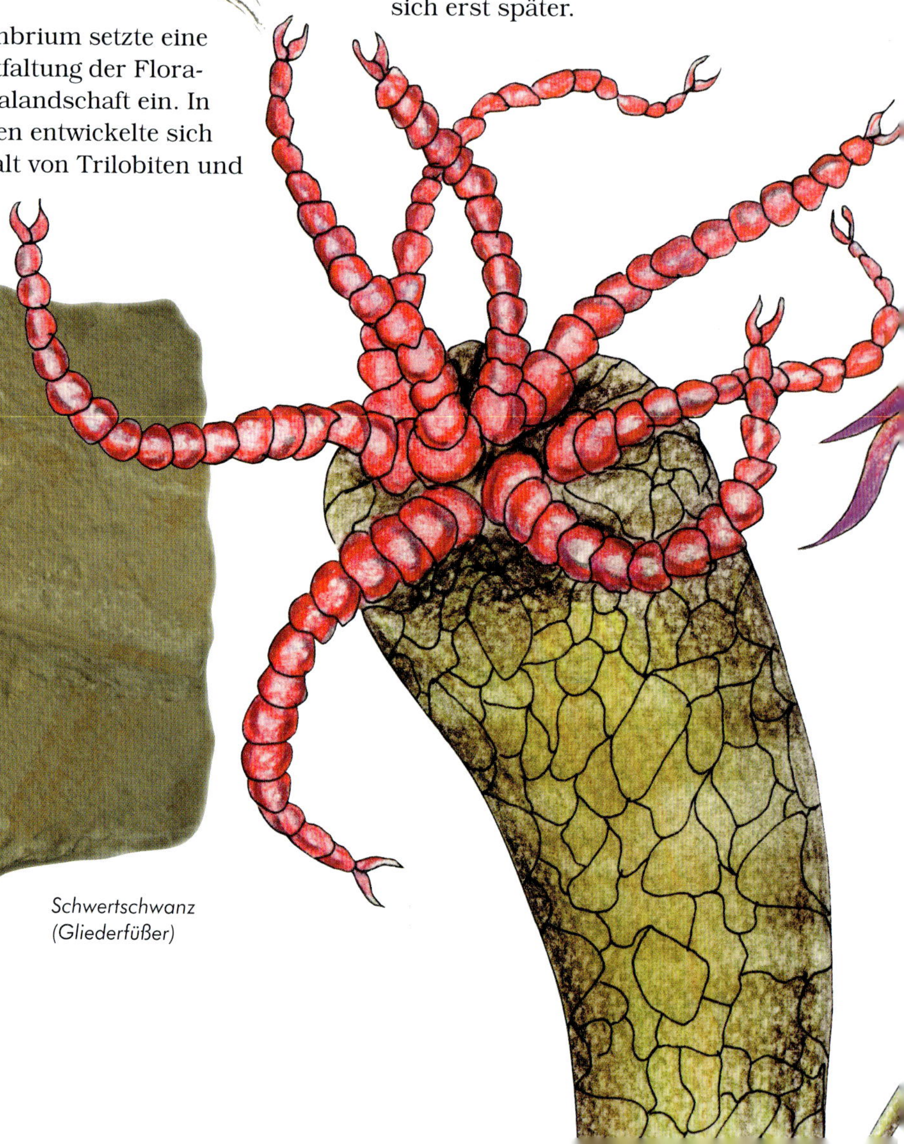

Ordovizium

Das Ordovizium ist der Zeitabschnitt des Erd-Altertums (Paläozoikum), das sich an das Kambrium anschließt. Es wurde benannt nach dem keltischen Volksstamm der Ordovizier, die in Nordwales sesshaft waren. Es erstreckte sich über einen Zeitraum von vor 510 bis 439 Millionen Jahren. Die geographischen Verhältnisse ähnelten denen des Kambriums. Die Kontinente bewegten sich weiter aufeinander zu, ihre Küsten wurden mehr und mehr überflutet.

Während des Ordoviziums herrschte eine Eiszeit. Das dabei zusammengeschobene Geröll der Gletscher kann man heute als Ablagerungen in Südamerika sehen. Durch die Vorherrschaft des Meeres entwickelte sich vor allem hier die Tierwelt. Wie Ablagerungen im dunklen Schiefer beweisen, herrschten in Tiefwassergebieten die mehrzelligen Graptolithen vor, eine ausgestorbene Art von Kragentieren mit chitinartigem Außenskelett, die Kolonien bildeten.

In den Flachmeeren fanden sich in sandig-kalkigen Schichten vor allem Trilobiten in großer Vielfalt. Diese Gliederfüßer hatten einen Körper mit Rückenpanzer, der aus drei miteinander verbundenen Abschnitten bestand. Er setzte sich aus Kopfschild (bestehend aus Mittelteil und zwei Seitenteilen), Rumpf (meist aus mehreren beweglichen Segmenten bestehend) und kurzem Schwanzschild zusammen (auch aus Segmenten zusammengesetzt). Diese ausgestorbene Klasse, von der es insgesamt über 1500 Gattungen (100 000 Arten) gab, ernährten sich alle von tierischen und pflanzlichen Resten.

In fossilisierten Sandwüsten fand man aus Zeiten des Ordiviziums fossile Reste einer Art Kriechspur, wie sie ein Tausendfüßer hinterlassen würde. Sollte so eine Art an Land existiert haben, muss es auch Landpflanzen in diesem Zeitabschnitt gegeben haben, wovon diese Tiere sich ernährten. Diese gab es aber nach Berechnungen und Untersuchungen erst im Silur.

Ordovizium (vor 510 bis 439 Millionen Jahren)

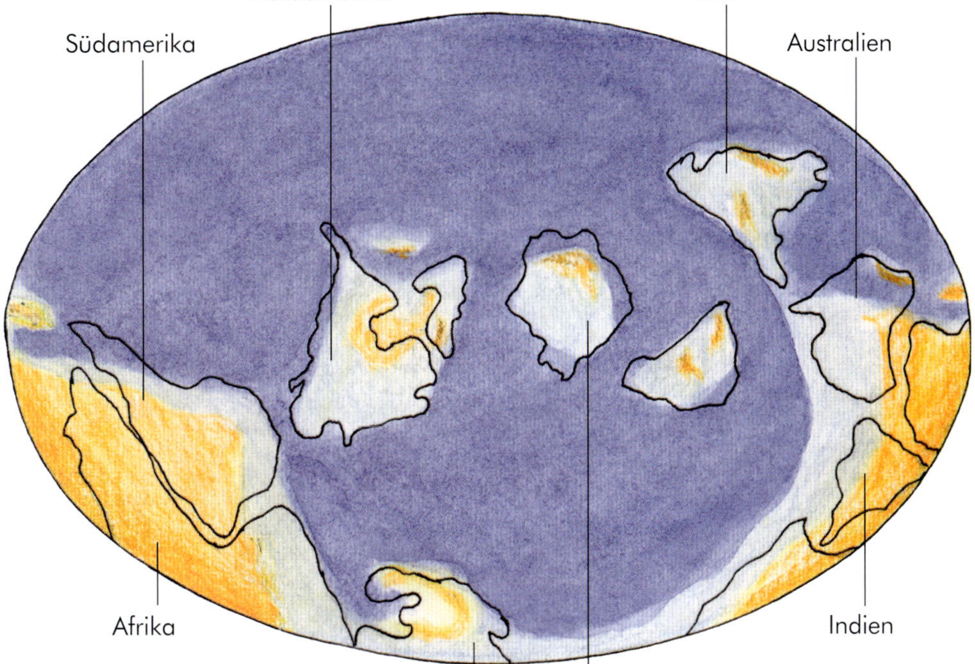

Herausbildung einzelner Kontinente
■ Ozean
■ Landmassen im Ordovizium

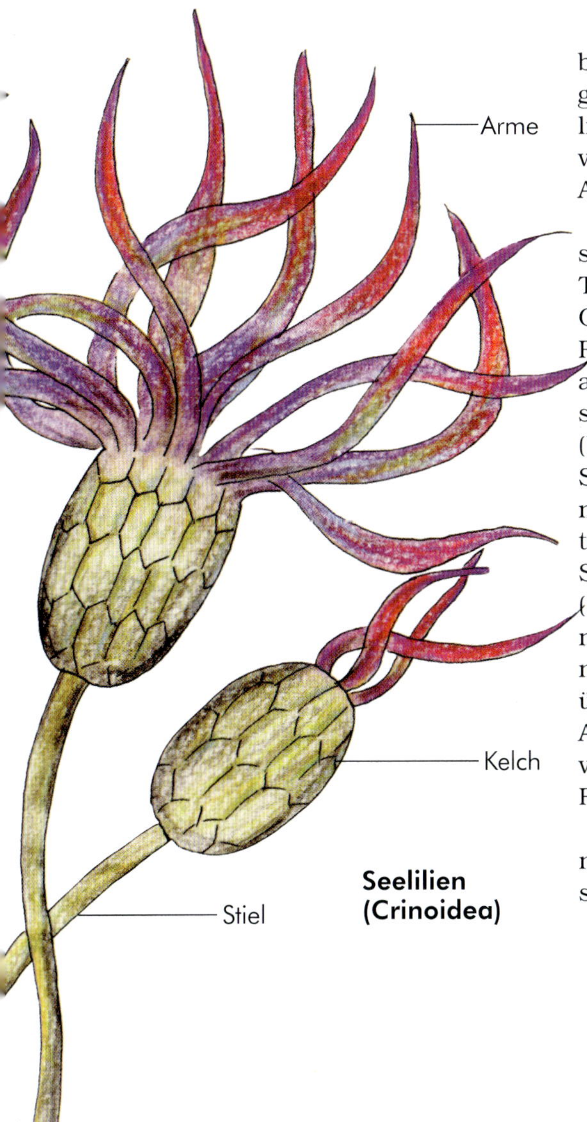

Seelilien (Crinoidea)

Graptolithen

Silur

Fossiler Seestern

Seelilien und Haarsterne (Clematocrinus retiarius)

Das Silur ist das dritte System des Erdaltertums (Paläozoikum). Es wurde benannt nach dem vorkeltischen Volksstamm der Silurer, der in Wales lebte und reichte über den Zeitraum von vor 438 bis 408 Millionen Jahren.

Aus geographischer Sicht gab es zwei weitgehend in sich geschlossene Kontinentalteile, bestehend aus einem Nordteil Laurasia und einem Südteil Gondwana. Diese wurden mehr oder weniger stark überflutet.

Den damaligen Nordpol vermutet man im nördlichen Pazifik, den Südpol in Südwest-Afrika. Der Äquator zog sich von Süd-Ost-Europa nach Nord-Australien, nach Grönland und durch die Mitte Nordamerikas.

Das Klima war überwiegend feuchtwarm, zum Ende des Silur etwas trockener. Das belegen Sandsteine und Gips und Steinsalze aus dieser Zeit. Zu den stärksten Vertretern des Meeresraumes zählten marine Wirbellose.

Lituites lituus (Kopffüßer)

Zu ihnen gehören vor allem Graptolithen (ausgestorbene Kragentiere mit chitinartigem Außenskelett) in den Tiefwässern und Trilobiten (Gliederfüßer) und einfache Korallen (Hohltiere) in den Flachwässern.

Die Korallen, die damals mächtige Riffe bauten und noch heute faszinierend auf Forscher wirken, starben vor etwa 230 Millionen Jahren aus. Sie wurden abgelöst von den heutigen Korallen, die in unseren warmen Weltmeeren zu finden sind.

Seeskorpione, auch Gliederfüßer, erreichten Riesenausmaße von bis zu 2 Meter Länge (Pterygotus). Haarsterne, die es bereits im Ordovizium gab, verbreiteten sich stark. Sie bestanden aus sternenförmig angeordneten Teilen von einem Zentrum ausgehend. Fünf Arme waren jeweils mit mehreren Dutzend Saugfüßchen versehen.

Seestern

Erste kieferlose Fische, die keine Knochen, sondern ein Skelett aus Knorpel hatten, bevölkerten die Meere. Man weiß nur deshalb von ihrer Existenz, weil sie kleine Knochenplatten an Kopf und Körper hatten, die fossilisierten. Von den kieferlosen Fischen haben nur aalähnliche Neunaugen und wurmartige Schleimfische bis heute überlebt. Seelilien, die neben den Algen ebenfalls ihre Blütezeit hatten, bestanden aus einem kelchförmigen Körper, der mit einem Stil im Meeresboden verankert war. Ihr Körper war von zahlreichen Armen umgeben. An Land entwickelten sich zum Ende des Silurs die ersten Ur-Farne und Bärlappe.

Trilobit (Gliederfüßer)

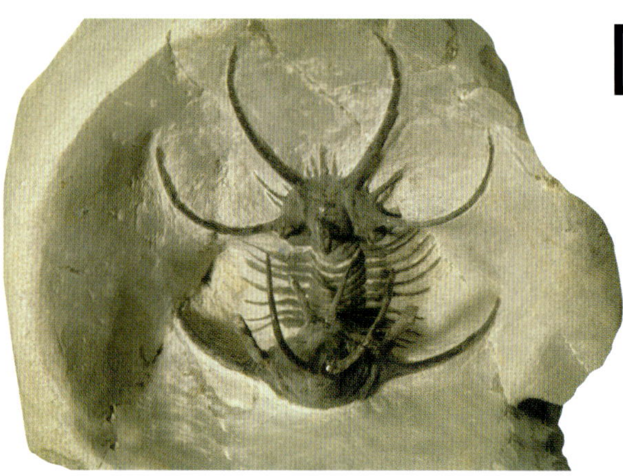

Devon

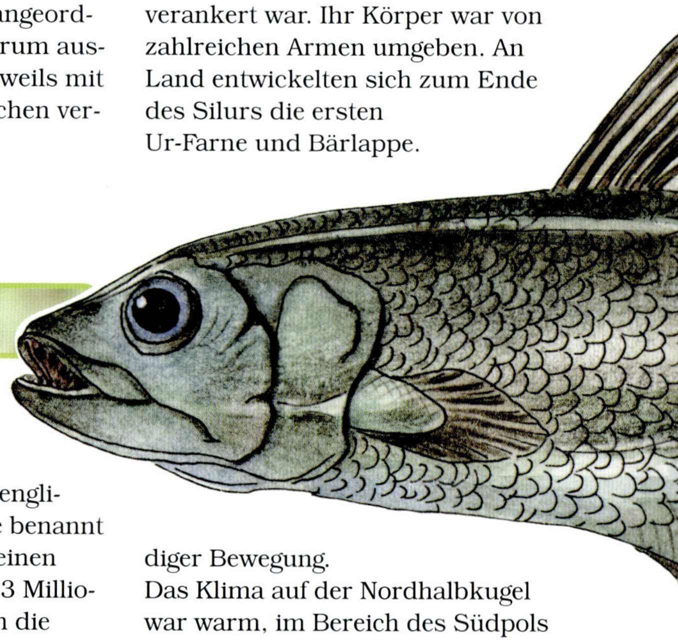

Das vierte System des Erd-Altertums (Paläozoikum), das nach der gleichnamigen englischen Grafschaft Devonshire benannt wurde, erstreckte sich über einen Zeitraum von vor 409 bis 363 Millionen Jahren. Auch jetzt waren die Landmassen der Kontinente in ständiger Bewegung.

Das Klima auf der Nordhalbkugel war warm, im Bereich des Südpols gab es einige Vereisungsspuren.

Nach Anfängen im Silur begann eine starke Artenentwicklung von Landpflanzen. Es bildeten sich vor allem Schachtelhalmgewächse (Nacktpflanzen) und Farne aus, die im späteren Devon auch baumförmig wurden.

Auch in der Tierwelt tat sich einiges. Die im Wasser lebenden Arten hatten sich eindeutig weiter entwickelt. Devon wird ja auch als Zeitalter der Fische bezeichnet. Aus den kieferlosen Fischen bildeten sich die Panzerfische, die als erste Wirbeltiere auch Kiefer hatten. Zunächst hatten die Skelette der ersten Wirbeltiere nicht aus Knochen, sondern aus Knorpelmasse bestanden. Die Panzerfische waren vorn in einen Knochenpanzer eingehüllt, weiter hinten von Schuppen umgeben. Sie wurden bis 8 Meter lang, hatten im Devon ihre Blütezeit, starben aber am Ende dieser Periode wieder aus.

Zu den Knorpelfischen zählen die auch heute noch dominierenden Räuber der Meere, die Haie so wie dieRochen. Weil von ihnen nur die Zähne fossil wurden und die knorpeligen Skelette sich auflösten, weiß man sehr wenig über ihre Geschichte.

Erste Knochenfische waren die Quastenflosser. Sie atmeten zum großen Teil durch Lungen und hatten dicke Flossen mit einem festen Knochengerüst. Sie beherrschten die Gewässer des Devons. Danach hielt man sie für ausgestorben, bis man 1938 einen lebenden Quastenflosser an der Ostküste Südafrikas fing. Seither fand man diese Art häufiger. Allerdings atmen diese Fische nicht durch die Lungen, sondern durch Kiemen wie die Strahlenflosser, die ebenfalls im Devon auftraten. Über Quastenflosser weiß man, dass diese in der Lage waren, sich mit ihren muskulösen Flossen auch an Land zu bewegen, um gegebenenfalls einen ausgetrockneten See oder Fluss zu verlassen und sich eine neue Wasserstelle zu suchen.

Eine weitere Gruppe von Knochenfischen waren die Lungenfische, die mittlerweile fast ausgestorben sind. Sie lebten ebenfalls in den zeitweise austrocknenden Flüssen und Seen, konnten sich aber während der Austrocknungsphase im Schlamm eingraben und dort dank der Lungenatmung die Trockenphase überstehen. Die Jungen dieser Tiere waren noch völlig auf das Wasser angewiesen. Später konnten sie auch an Land überleben. Die ersten Amphibien waren entstanden.

Devon (vor 409 bis 363 Millionen Jahren)

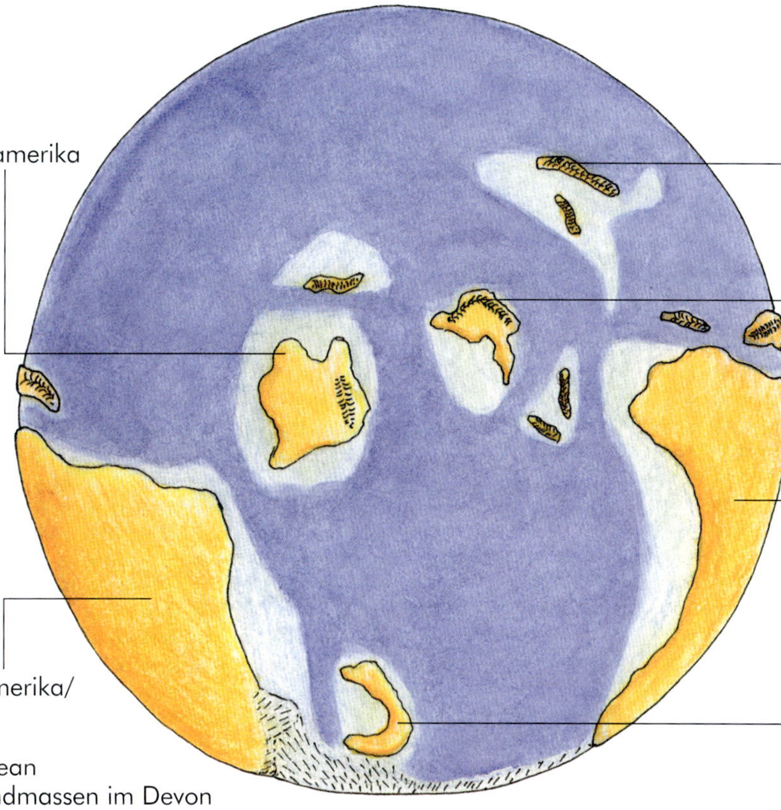

Hai

Im Devon, das auch als das Zeitalter der Fische bezeichnet wird, gab es bereits erste Haie. Noch heute zählen sie zu den dominanten Räubern der Ozeane.

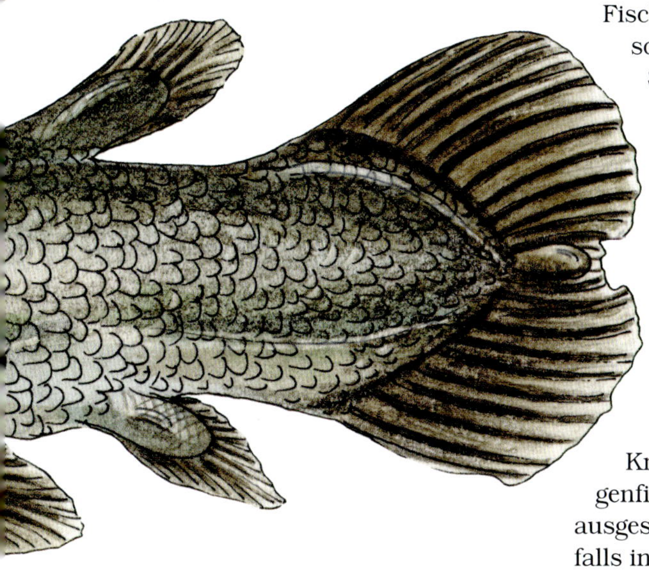

Quastenflosser

Karbon

Karbon (vor 363 bis 290 Millionen Jahren)

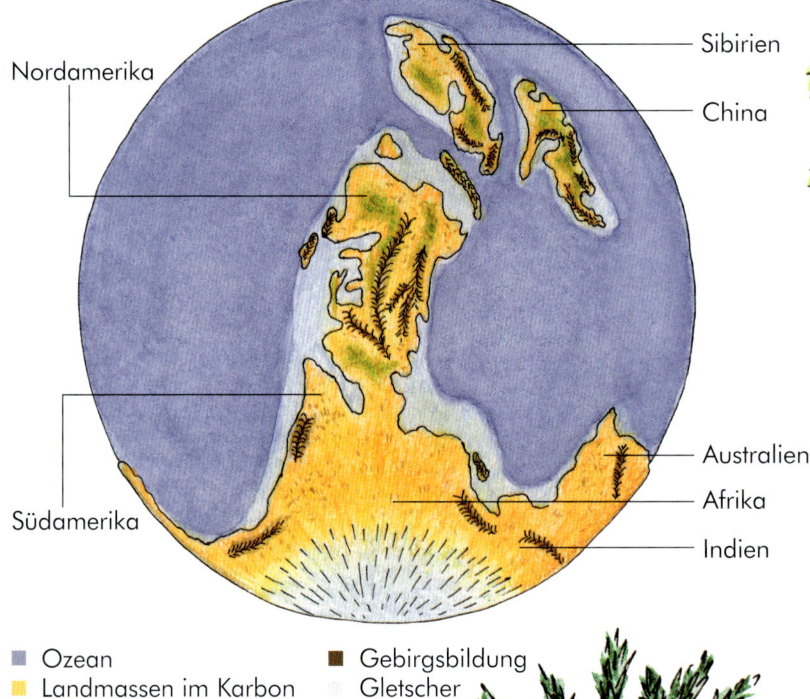

Das Karbon (lat.: Kohle) ist das fünfte geologische System des Erd-Altertums (Paläozoikum). Man bezeichnet diesen Zeitraum, der vor etwa 363 Millionen Jahren begann und vor 290 Millionen Jahren endete, auch als Steinkohlezeit, denn in diesem Abschnitt haben sich die größten Steinkohlelager der Erdgeschichte gebildet.

Das Klima in Mitteleuropa, das damals in Äquatornähe lag, war tropisch warm und feucht, wie man es heute im Amazonas-Urwald findet.

Im Laufe des Karbon kam es zu stärkeren Verschiebungen der Erdplatten. Dadurch bildeten sich Gebirgszüge heraus mit dazwischen liegenden Senken. Es wuchsen gewaltige Wälder an den Küsten, die dann im Wechsel immer wieder überschwemmt wurden, um bei Absinken des Meeresspiegels erneut zu wachsen. In diesen Gebieten, die vor allem in Europa und Nordamerika lagen, bildeten sich ausgedehnte Steinkohlelager. Diese waren ähnlich wie die heutigen tropischen Sumpfwälder. Allerdings gab es weder Vögel noch Blütenpflanzen.

Riesentausendfüßer

Bis zu 30 Meter hohe Rindenbäume hatten nur einen kleinen stabilen Holzkern, der sie leicht abbrechen ließ. In dieser Umgebung begann die erste Entwicklung der Landwirbeltiere (Amphibien und Reptilien). Aus den Übergangsformen zwischen Fisch und Landwirbeltier (Ichthyostega) entwickelte sich eine große Zahl von Lurcharten, wie z. B. Panzerlurche. Diese lebten wie die heutigen Amphibien in Wassernähe, wo sie auch ihre Eier als Laich ablegten. Sie erreichten eine Länge von 2 bis 3 Metern.

Ebenso zum Leben des Karbons ge hörten Riesentausendfüßer, die bis zu 1 Meter lang wurden, Urlibellen, Spinnen und Insekten. In den Meeren gab es wie schon im Devon zahlreiche Algen, pflanzliche und tierische Einzeller, aber auchKorallen, Trilobiten, Kopffüßer und Armfüßer. Wie schon im Devon, war auch die Zahl der Fischarten sehr hoch.

Im südlichen Teil der Erdkugel bestand immer noch Gondwana aus den zusammenhängenden Teilen von Nordamerika, Indien, Afrika, Australien und Antarktis. Ein großer Teil dieser Landmassen lag in der Nähe des damaligen Südpols und wurde im Übergang zum Perm von riesigen Eismassen bedeckt (permokarbonische Eiszeit). Gegen Ende des Karbon bildete sich eine komplette Landmasse namens Pangaea, nachdem Gondwanaland sich über den Südpol hinaus wieder nach Norden bewegt hatte und dort mit Laurasia kollidierte.

Paripteris
Höhe: 5 m

Mariopteris
Höhe: 5 m

Cordaites
Höhe: 10 m

Lepidodendron
Höhe: 30 m

Alethopteris
Höhe: 5 m

Pecopteris
Höhe: 5 m

Glossopteris
Höhe: 8 m

Medullosa
Höhe: 5 m

Pflanzen im
Karbon und Perm

Perm

Das letzte geologische System des Erd-Altertums (Paläozoikum) war das Perm. Es zog sich über den Zeitraum vor ca. 290 bis 245 Millionen Jahren hin und erhielt seinen Namen nach der russischen Provinz Perm, westlich des Uralgebirges gelegen.

In dieser Zeit waren Gondwana und die nördlichen Kontinente kollidiert und hatten die riesige Landmasse Pangaea gebildet, was zu großen Gebirgsauffaltungen führte. Umgeben war dieser Superkontinent von einem großen Ozean (Panthalassa). Hier existierten weiterhin Korallen, Ammoniten und große Einzeller.

Armfüßer bauten sich korallenartig zu großen Formen aus, ebenso verschiedene Muschel- und Schneckenformen. Viele dieser Arten starben zum Ende des Perm aus. Die Ursache hierfür ist nicht geklärt. Vielleicht lag es an den allmählichen Rückzügen der Meere. Ein Teil der amphibischen Tiere wie die Panzerlurche blieb in der Nähe des Wassers. Sie wurden noch größer. Ein anderer Teil der Gruppe löste sich langsam vom Wasser. Aus diesen entwickelten sich die Reptilien in großer Vielfalt. Kleinere Formen wie unsere heutigen Frösche konnten sich auf dem Land von Insekten ernähren, für große Lurche hätte diese Nahrung nicht ausgereicht.

Bei vielen Tierarten dieser Zeit ist es schwer zu entscheiden, ob es noch Lurche oder bereits Reptilien waren. Viele von ihnen legten nun ihre Eier auf dem Land ab, wo sie von der Wärme der Sonne bebrütet wurden.

Durch die Verbindung von Laurasia und Gondwana drangen frühe Amphibien und Reptilien auch nach Gondwana vor, wo es diese Arten bisher nicht gegeben hatte. Die im Perm auftretenden Kammsaurier waren schon echte Reptilien. Zu ihnen gehörten Dimetrodon und Edaphosaurus. Ebenso vertreten waren Titanosuchus, ein höher entwickeltes Reptil und Lycaenops, auch ein Vorfahre der Säuger.

Die Pflanzenwelt im Perm war geprägt durch ein Vordringen der Nadelbäume und einen Rückgang der Rindenbäume.

Titanosuchus

Titanosuchus gehörte bereits zu den höher entwickelten synapsiden Reptilien des Permzeitalters. Er wurde in Teilen von Afrika gefunden. Mit einer Länge von 2,50 Metern hatte Titanosuchus einen krokodilartigen, länglichen Körper mit einem auffallend großen Schädel, der bis zu 1 Meter lang wurde.

Eine große Schädelöffnung hinter den Augenhöhlen machte die Entwick-

Titanosuchus
Säugerähnliches Reptil

Ordnung: Therapsida

lung einer langen Kiefermuskulatur möglich, die ein weites und kräftiges Auf- und Zusperren des Kiefers gewährleistete. Titanosuchus war ein räuberisches Tier, das sich vermutlich von pflanzenfressenden Reptilien ernährte. Darauf weisen seine scharfen Schneidezähne, die spitzen, langen Eckzähne und die hinteren kräftigen Reißzähne hin.

Ophiacodon
Säugerähnliches Reptil

Ordnung: Pelycosauria

Ophiacodon

Die beherrschenden Tiere der Permzeit waren die Ur-Saurier und die säugerähnlichen Reptilien. Zur letzteren Gruppe dieser Zeit gehörte das Ophiacodon. Es lebte in den Uferzonen von Teichen und Flüssen Nordamerikas und wurde bei einem geschätzten Gewicht von 30 bis 50 Kilogramm bis zu 3,5 Meter lang.

Ophiacodon hatte nicht wie die anderen Säugetiervorläufer Edaphosaurus und Dimetrodon ein Hautsegel auf seinem Rücken. So musste es seine Körpertemperatur auf andere Weise regeln. Dieses geschah wohl durch besonders rasche Energieumwandlung aus der Nahrung.

An Ophiacodon konnte man die Weiterentwicklung der säugerähnlichen Reptilien beobachten. Der Schädel hatte schon eine längliche Form angenommen, so dass sich lange Kiefermuskeln ausbilden konnten, die ein weites Aufreißen ermöglichten.

Seine Augen lagen etwas seitlich, so dass es ein relativ großes Gesichtsfeld hatte. Wartete Ophiacodon im seichten Wasser oder am Ufer, konnte es ohne viel Bewegung ausharren und seiner Beute, die vornehmlich aus Fischen bestand, auflauern. Mit weit geöffnetem Maul schnappte es diese und zog sich dann zurück, um sie in Ruhe zu verzehren.

Ophiacodon konnte schwimmen, sich aber auch an Land gut bewegen. Seine Beine setzten schon etwas weiter unten am Körper an. So wurde aus dem typischen Kriechgang der Reptilien schon ein etwas schnelleres Laufen.

Araeoscelis

Zu den frühen Reptilien der Permzeit gehörte Araeoscelis. Das Tier, das in Nordamerika lebte, hatte mit seinen langen, dünnen Beinen, einem langen Hals und einem langen Schwanz das Aussehen einer Eidechse. Es hatte nur eine Körperlänge von insgesamt 60 Zentimeter und einen sehr kleinen Kopf. Die Zähne waren breit und stumpf, jedoch nach oben schmal zulaufend. So konnte Araeoscelis mühelos die festen Panzer der Käfer, von denen er sich überwiegend ernährte, öffnen.

Araeoscelis gehörte zur Unterklasse der Diapsida. Für diese war ein Schädel mit zwei Schädelöffnungen hinter jeder Augenhöhle kennzeichnend, die von Haut überzogen waren. Bei Araeoscelis war eine dieser Öffnungen wieder durch Knochen ausgefüllt. So wurde der Schädel kräftiger und ermöglichte ein festeres Zubeißen.

Aus der Unterklasse der Diapsida entstanden die meisten heute noch existierenden Reptilien und Krokodile, aber auch die ausgestorbenen Flugsaurier und Dinosaurier.

Pareiasaurus
Frühes primitives Reptil

Unterklasse: Anapsida
Ordnung: Captorhinida

Araeoscelis

Unterklasse: Diapsida
Ordnung: Araeoscelida

Pareiasaurus

Zu den größten der frühen Reptilien gehörte Pareiasaurus, der auch als Ur-Saurier bezeichnet wird. Er wurde in Süd-Europa, vor allem aber in Teilen Afrikas gefunden. Ein gut erhaltenes Skelett fand man in der großen Karruwüste Südafrikas in den über 250 Millionen Jahre alten Schichten des Perm.

Pareiasaurus hatte einen massigen Körper von bis zu 2,5 Meter Länge. Der schwere Schädel bildete mit zahlreichen Knochenauswüchsen, vor allem im unteren Teil, eine seltsame Erscheinung. Er hatte noch keine Aushöhlungen, die gewichtssparend gewesen wären.

Die zahlreichen Zähne des Gebisses waren einfach und blattähnlich. Sie ermöglichten das Zerkleinern der Pflanzen, die er an Flussufern fand.

Die Gliedmaßen von Pareiasaurus waren sehr dick mit breiten Füßen zum Halten des Gleichgewichtes. Sie waren weiter unten am Rumpf angesetzt als bei den noch früheren Reptilien. So wurde ein etwas aufrechter Gang ermöglicht.

Dimetrodon

Zu den Vorfahren der säugerähnlichen Reptilien (Pelycosaurier) gehörte das Dimetrodon. Es handelte sich um eine ca. 3 Meter lange Riesenechse mit einem langen Schwanz. Auf seinem Rücken trug Dimetrodon ein großes Segel, das von langen Dornfortsätzen der Wirbelsäule gestützt war und aufgestellt bis zu 1 Meter hoch ragte.

Es war von Blutgefäßen durchzogen und diente der Temperaturregulierung des Körpers. Am Morgen stellte Dimetrodon das Rückensegel in Sonnenrichtung auf und nahm damit die Wärme auf. Nach Berechnungen der Forscher benötigte das Tier bei 200 Kilogramm Gewicht ungefähr 200 Minuten, um seine Körpertemperatur von 26 Grad auf 32 Grad Celsius zu erhöhen. Mit Rückensegel dauerte dieser Vorgang nur 80 Minuten.

Dimetrodon benötigte diese Temperaturerhöhung, um schon in den frühen Morgenstunden auf Beutefang gehen zu können, wenn andere noch in der nächtlichen Kältestarre verharrten. Gleichermaßen konnte über das Segel überschüssige Wärme wieder abgegeben werden. Das geschah durch Aufstellen in Schatten oder Wind. Wahrscheinlich war das Segel ein erster Schritt zu den Warmblütern, die es erst in der Triaszeit gab.

Zur bevorzugten Beute gehörten reptilähnliche Amphibien wie das Diadectes, ein bis zu 3 Meter langer friedfertiger Pflanzenfresser, sowie andere Arten. Diese waren an den Ufern großer Seen und den sich anschließenden Wäldern aus Baumfarnen reichlich zu finden. Dimetrodon lebte in Teilen Nordamerikas.

Skelett Dimetrodon (Synapsider Schädel)

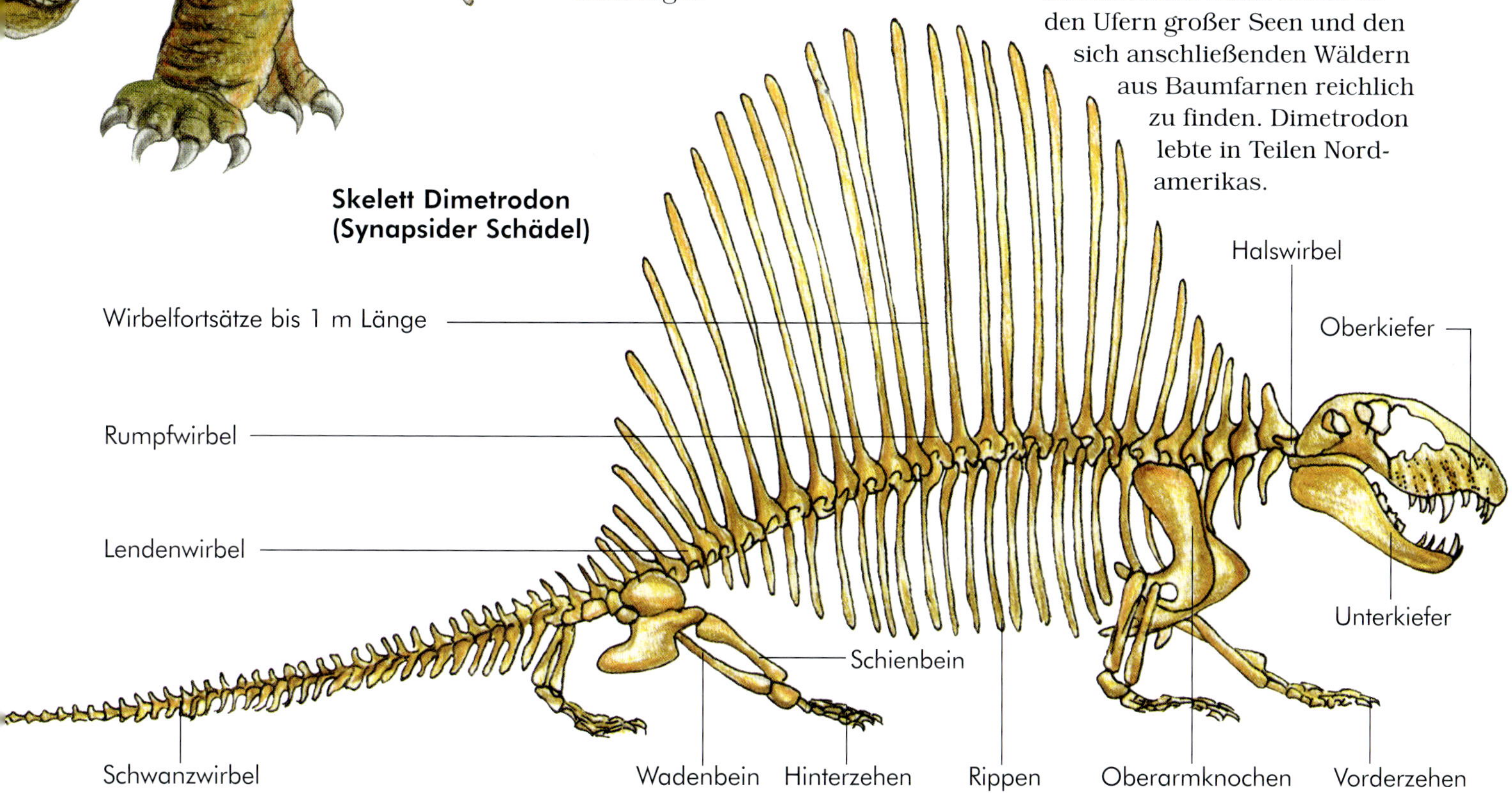

Dimetrodon
Säugerähnliches Reptil

Unterklasse: Synapsida
Ordnung: Pelycosauria

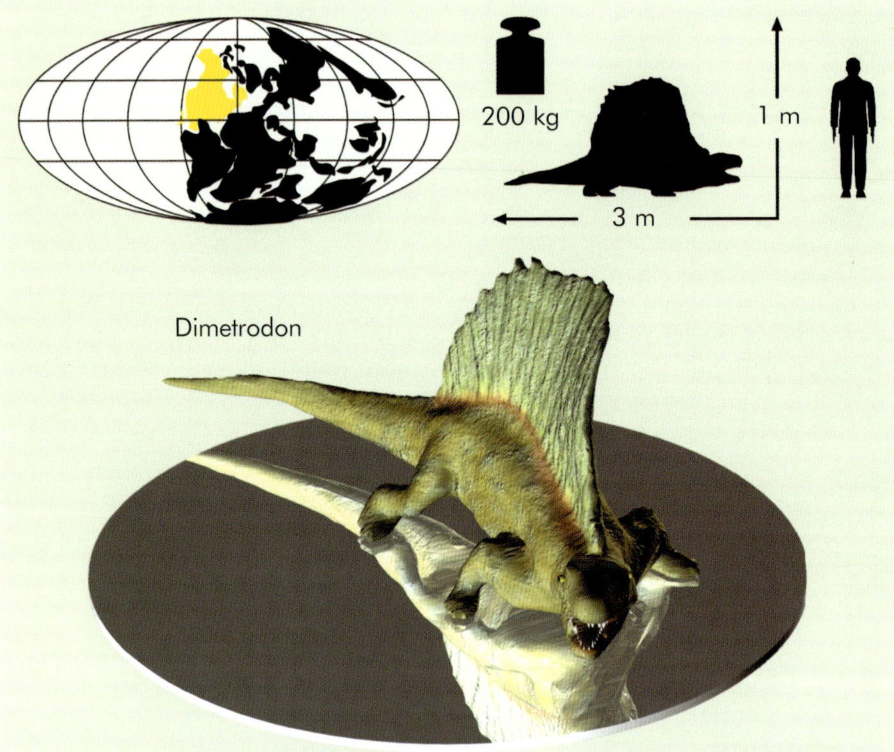

Kambrium	Ordovizium	Silur	Devon	Karbon	Perm
590 000 000	505 000 000	440 000 000	410 000 000	360 000 000	285 000 000

ERD-ALTERTUM/PALÄOZOIKUM

Lycaenops

Lycaenops gehörte zu den ältesten säugetierähnlichen Reptilien. Er hatte große Ähnlichkeit mit einem Hund bzw. Wolf und war auch genauso räuberisch wie letzterer. Sein Körper war allerdings noch nicht mit Fell überzogen, sondern schuppenartig wie bei anderen Reptilien. Erst spätere Vorläufer der Säugetiere bekamen ein haariges Fell und entwickelten Ohren.

Man fand Lycaenops im Oberperm vor allem in Südafrika in Beaufort-Sandsteinen. Hier wurden besonders viele Schädel- und Skelettfunde von höher entwickelten säugerähnlichen Reptilien (Therapsiden) gemacht. Dort lebte er im Hochland, das meist trocken war und nur hier und da von Flüssen, die als Tränke für die Tiere dienten, durchzogen wurde. Weitere

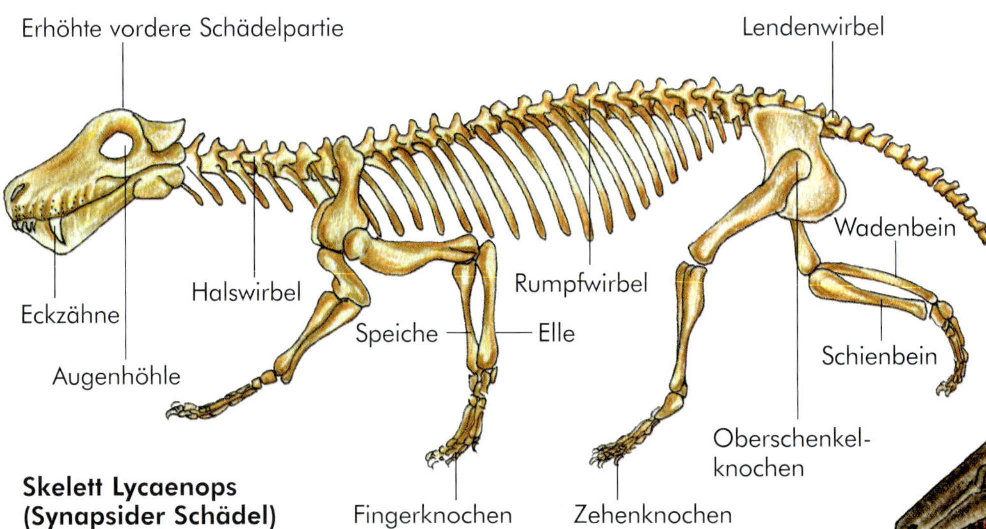

Skelett Lycaenops (Synapsider Schädel)

Funde wurden im westlichen Uralvorland (Russland) gemacht.

Lycaenops wurde bis zu 1 Meter lang und hatte einen etwa 45 Zentimeter langen flachen Schädel mit langen Kiefermuskeln, die ein weites Aufsperren des Mauls ermöglichten. Besonders auffällig waren seine langen Eckzähne, die sehr reißerisch waren. Breite Backenzähne zermahlten die Nahrung. Diese bestand aus anderen Tieren wie beispielsweise dem Pflanzenfresser Pareiasaurus. Pareiasaurus war zwar viel größer, konnte aber mühelos von Lycaenops getötet werden, wenn dieser hungrig war. Meist war Lycaenops im Rudel unterwegs, wenn er auf Beutefang ging.

Die Beine von Lyanocops setzten gerade unter dem Körper an wie bei den säugetierähnlichen Reptilien üblich. Sie waren schlank und leicht gebaut, so dass er ein guter Läufer war.

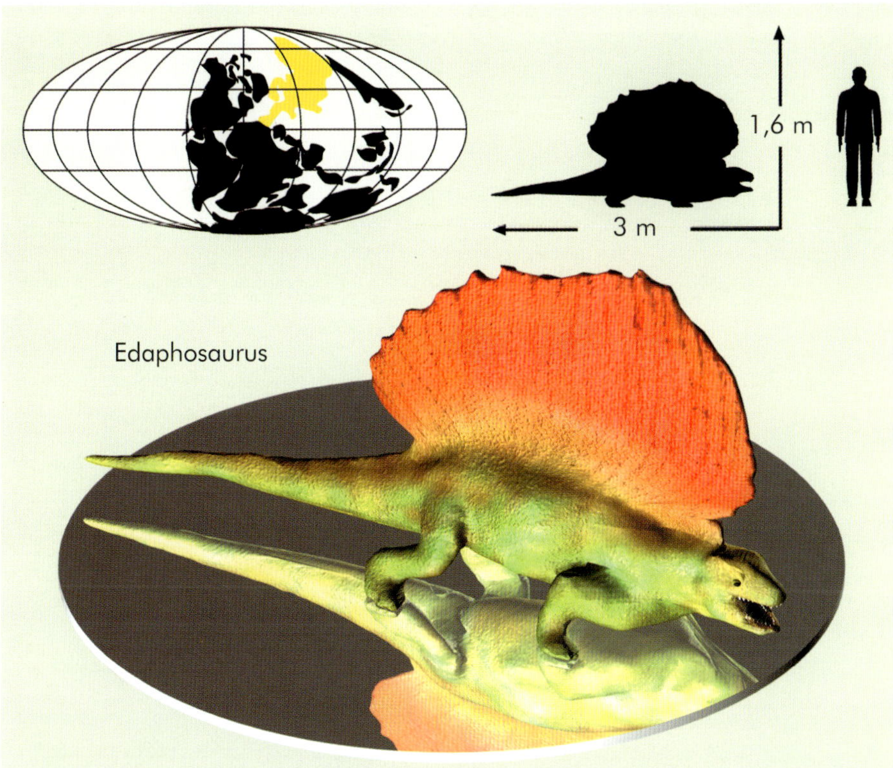

Kambrium	Ordovizium	Silur	Devon	Karbon	Perm
590 000 000	505 000 000	440 000 000	410 000 000	360 000 000	285 000 000

ERD-ALTERTUM/PALÄOZOIKUM

Lycaenops
Säugerähnliches Reptil

Ordnung: Therapsida

Edaphosaurus

Edaphosaurus war ein mittelgroßer Pflanzenfresser des Paläozoikums, der vom späten Karbon bis zum Perm in Nordamerika, aber auch in vielen Teilen Europas vorkam. Er gehörte zur Unterklasse Synapsida zur Ordnung der Pelycosauria (säugerähnliche Reptilien).

Edaphosaurus hatte bei einer Länge von etwa 3 Metern einen relativ kleinen Kopf mit einer Vielzahl kleiner Zähne, die im gesamten Gaumen zu finden waren. Dieses ermöglichte ein müheloses Zerkauen der Nahrung, die hauptsächlich aus Wasserpflanzen bestand, die im seichten Wasser von See- und Flussufern wuchsen. Seine Gliedmaßen waren stark gebaut und die Füße für ein säugetierähnliches Reptil sehr weit entwickelt.

Auch er hatte wie Dimetrodon ein Rückensegel, das zur Wärmeregulierung diente. Zusätzlich zu den aufgestellten Dornfortsätzen der Wirbelsäule hatte Edaphosaurus noch Querverstrebungen. Wahrscheinlich hatte das Segel eine Buntfärbung und war neben der Wärmeregulierung noch wichtig für die Balzzeit. An das Segel schloss sich ein gedrungener Schwanz an, der den Rückenkamm quasi verlängerte.

Edaphosaurus
Säugerähnliches Reptil

Unterklasse: Synapsida
Ordnung: Pelycosauria

KAPITEL 4

Erd-Mittelalter

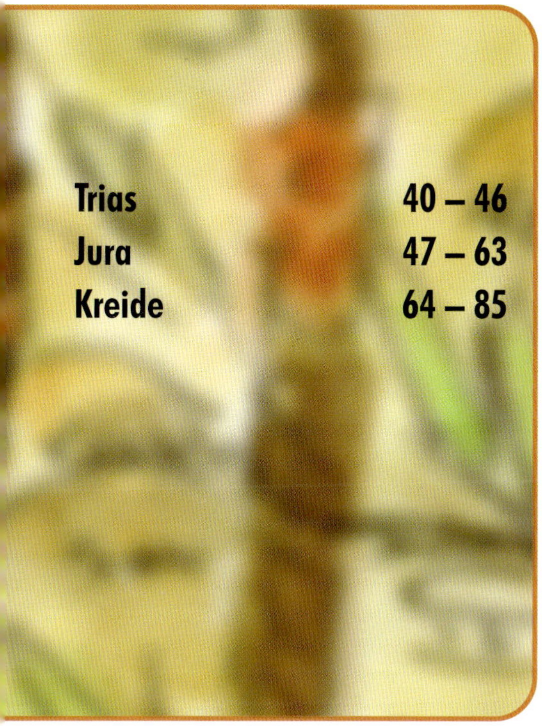

Das Erdmittelalter (Mesozoikum) dauerte etwa 185 Millionen Jahre und teilte sich in die drei Systeme Trias, Jura und Kreide. Es gilt auch als das Zeitalter der Reptilien bzw. Dinosaurier. Viele im Meer lebende Organismen waren zu Beginn des Mesozoikums ausgestorben. Zu ihnen gehörten die zahlreichen Armfüßer. Panzerlurche entwickelten sich in der Trias zu noch größeren Formen. Schildkröten, Schlangen und Eidechsen gab es in vielen Variationen. Statt der heutigen vier Reptilienordnungen soll es in dieser Zeit über 30 gegeben haben. Auch Insekten nahmen zu. In der Pflanzenwelt kam es zur starken Zunahme von Farnen und Nadelbäumen, später gab es zusätzlich erste Laubbäume in einem ausgeglichenen warmen Klima.

Bis zum Ende des Mesozoikums war Pangaea völlig zerfallen und die Kontinente drifteten in verschiedene Richtungen. Die Antarktis lag jetzt am Südpol, Südamerika und Australien waren getrennt davon. Indien zog nach Norden und auch Südamerika, Australien und Afrika drifteten in diese Richtung. Der einheitliche Ozean war eingebrochen. Es setzten erste Meeresströmungen ein. Die Zeit des Erdmittelalters war die Blütezeit von Land-, Meer- und Flugsauriern. Auch Vögel und Ursäugetiere traten auf den Plan. Mit Beginn der Erdneuzeit schritt die Entwicklung und Ausbreitung der Säugetiere fort, die Dinosaurier starben jedoch vollständig aus.

Trias

Pisanosaurus

Ordnung: Ornithischia
Unterordnung: Ornithopoda
Familie: Heterodontosauridae

Die erste Phase des Erdmittelalters, die vor etwa 248 Millionen Jahren begann und vor 208 Millionen Jahren endete, erhielt ihren Namen nach der Dreizahl der Sedimentablagerungen in Mitteleuropa: Buntsandstein, Muschelkalk und Keuper.

Die Verteilung der Kontinente war ähnlich wie im Perm. Es gab noch den Superkontinent Pangaea, wo wegen der großen Landmasse ein kontinentales Klima herrschte.

Farne und Schachtelhalme, die im Perm weit verbreitet waren, gab es nun überwiegend in Küstenregionen und Feuchtgebieten. Außerdem breiteten sich die ersten Nadelbäume aus.

Viele Organismengruppen des Meeres waren zum Ende des Perm ausgestorben. Dadurch breiteten sich verschiedene Muscheln und Schneckenarten aus. Auch die ersten Austern traten auf.

Von den Landtieren verschwanden die ältesten säugetierähnlichen Reptilien der Ordnung Pelycosauria, zu denen Ophiacodon gehörte. Eine Reihe von Reptilgruppen wie die Eidechsen und Fischsaurier fanden große Ausbreitung. Ebenso erschienen die Herrscherreptilien, zu denen die Dinosaurier, die Flugsaurier und Krokodile zählten. Häufige Bewohner der Flachmeere bzw. Küstengebiete waren der Pflasterzahnsaurier Placodus und der Meeressaurier Nothosaurus.

Immer mehr säugetierähnliche Formen erschienen auf der Bildfläche. Zu ihnen gehörte Cynognathus. In der späten Trias erschienen zum ersten Mal echte Dinosaurier. Es handelte sich u. a. um Plateosaurus, einen großen Pflanzenfresser, dessen fossile Funde in großer Anzahl im Jahre 1919 bis 1932 in Trossingen ausgegraben wurden.

Trias (vor 248 bis 208 Millionen Jahren)

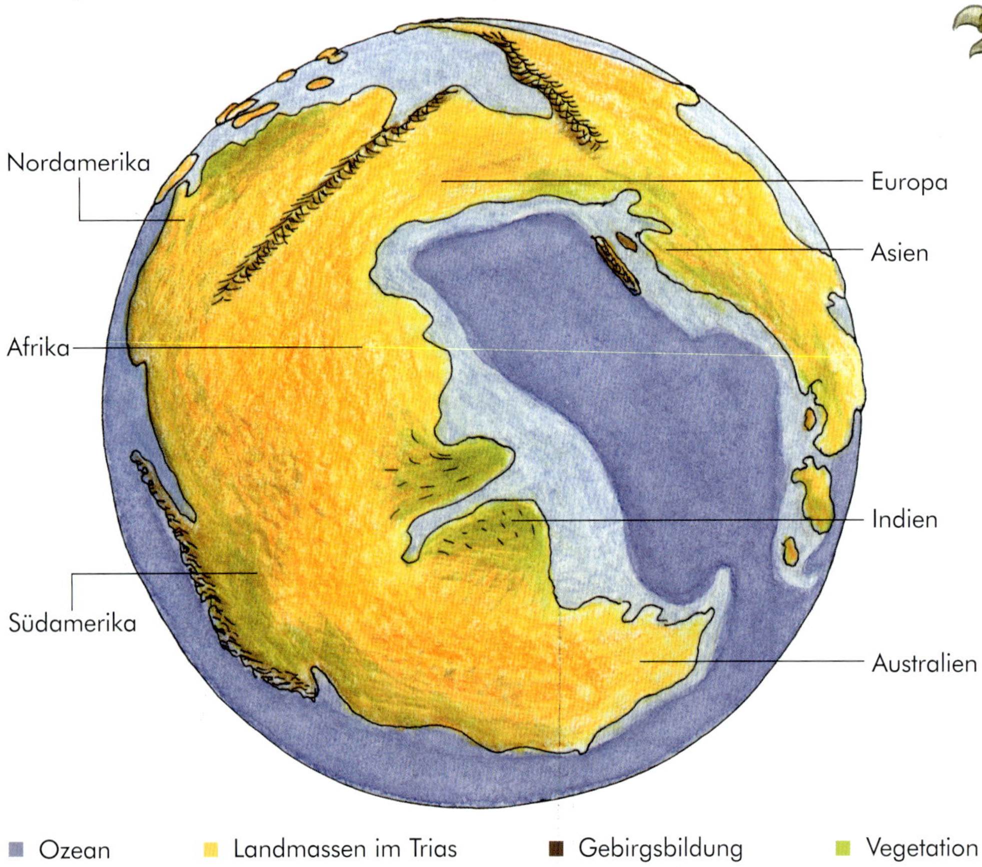

Pisanosaurus

Pisanosaurus bildete die Wurzel für den Stammbaum der Ornithischia, der Vogelbecken-Dinosaurier. Diese gliedern sich in vier Gruppen, wovon drei sich vierfüßig bewegten.

Die vierte Gruppe bestand aus Vogelfüßern (Ornithopoda), die sich auf zwei Füßen fortbewegten. Zu diesen zählt Pisanosaurus, der auf zwei relativ langen, schlanken Beinen ging. Bei einer Körperlänge von etwa 90 Zentimeter hatte dieses Tier ein echsenartiges Aussehen und erreichte Geschwindigkeiten von ungefähr 25 Kilometer pro Stunde.

Auf Grund fossiler Funde ist man ziemlich sicher, dass Pisanosaurus zur Familie der Heterodontosauridae gehört

und im Trias gelebt hat, also einige Millionen Jahre früher als andere Vogelbecken-Dinosaurier. Man fand ihn als bisher ältestes Skelett, das in großen Teilen erhalten war, in Argentinien. Es wurden Fragmente des Schädels mit Zähnen, die Halswirbelsäule, Rücken- und Beckenteile und Reste der Hand- und Beinknochen gefunden.

Besonders auffällig sind in der Gruppe der Heterodontosauriden die Zahntypen, die von anderen Dinosauriern, aber auch von den meisten Reptilien stark abweichen. In den Wangen, die erstmalig in dieser Gruppe ausgebildet sind, konnte die Nahrung im Mund gehalten werden. Im Oberkiefer befanden sich neben nach innen versetzten Backenzähnen kleine, spitze Zähne nach Art der Schneidezähne, im Unterkiefer lag an dieser Stelle nur eine keilförmige Hornleiste.

Diese Hornleiste ist ein typisches Merkmal der Vogelbecken-Dinosaurier; es gibt sie bei keinem anderen Wirbeltier. Die Abnutzung der gefundenen Zähne ließ den Schluss zu, dass Ober- und Unterkiefer mitihren Zähnen während des Kauvorganges Kontakt miteinander hatten. Mit den vorderen Zähnen und der Hornleiste wurden vermutlich Blätter zur Nahrungsaufnahme abgekniffen und mit den rückwärtig liegenden Zähnen in viele kleine Stücke zerkleinert.

Der Aufbau der Bein- und Fußknochen zeigte, dass Pisanosaurus nicht nur die typischen Vor- und Rückwärtsbewegungen ausführen konnte, sondern die Füße auch zu den Seiten hin setzen konnte. Von den fünf vorhandenen Zehen waren die 4. und 5. Zehe wesentlich kürzer. Die Mittelhandknochen des Pisanosaurus zeigten eine starke Ausprägung. Sie dienten sicherlich zum Halten der Nahrung.

Plateosaurus

Der Name „Plateosaurus" setzt sich zusammen aus den Worten „pláte" (griech. = Platte, breite Körperoberfläche) und „sauros" (= Reptil).

Der zur Gruppe der Saurischia, d. h. der Echsenbecken-Dinosaurier, gehörende Plateosaurus war ein früher pflanzenfressender Dinosaurier, der vor etwa 220 Millionen Jahren lebte. Er zählt zu den Prosauropoda, den Vorfahren der Sauropoda und gilt gemeinsam mit Iguanodon als der berühmteste Dinosaurier in Europa.

Plateosaurus war ein großes Tier von ungefähr 6 Metern Höhe und hatte eine Körperlänge von fast 10 Metern. Auf einem langen Hals befand sich ein relativ kleiner Schädel. Zahlreiche spitze Zähne und ein flacher Unterkiefer mit einem Gelenk, das der Muskulatur große

Plateosaurus

Infraordnung: Prosauropoda
Familie: Plateosauridae

Hebelbewegungen erlaubte, sind ein Zeichen dafür, dass es sich bei Plateosaurus um einen Pflanzenfresser handelte. Im Laufe der weiteren Entwicklung der Prosauropoda nahm die Anzahl der Zähne ab und wurden von größeren Zackungen gefurcht.

Um den gewaltigen Körper zu bewegen, ging Plateosaurus auf vier Füßen. Lediglich zum Pflücken höher wachsender Pflanzen richtete er sich auf die Hinterbeine auf. Zu seiner Nahrung gehörten zahlreiche Nadelgewächse und Baumfarne, wie man sie als Fossilien entdeckt hat.

Der Schwanz des Plateosaurus machte ungefähr die Hälfte seiner Körperlänge aus. Aus der Schwanzwirbelsäule lässt sich schließen, dass vertikale und seitliche Bewegungen möglich waren. Eine kräftige Muskulatur ermöglichte eine Fortbewegung beim Schwimmen. Zahlreiche Funde ganzer, skelettierter Plateosaurus-Herden im Keuper, einem Sedimentationsbecken in Mitteleuropa, ließen vermuten, dass diese Tiere in Herden zusammenlebten und gemeinsam auf Nahrunssuche in den Wäldern unterwegs waren.

Eine andere Erklärung für das Massenvorkommen in dieser Gegend ist, dass die Plateosaurier einzeln lebten, jedoch nach ihrem Tode von heftigen Regenfällen, wie sie sporadisch in der Wüstengegend vorkamen, weggeschwemmt und in den ausgehöhlten Flussbetten abgelagert wurden.

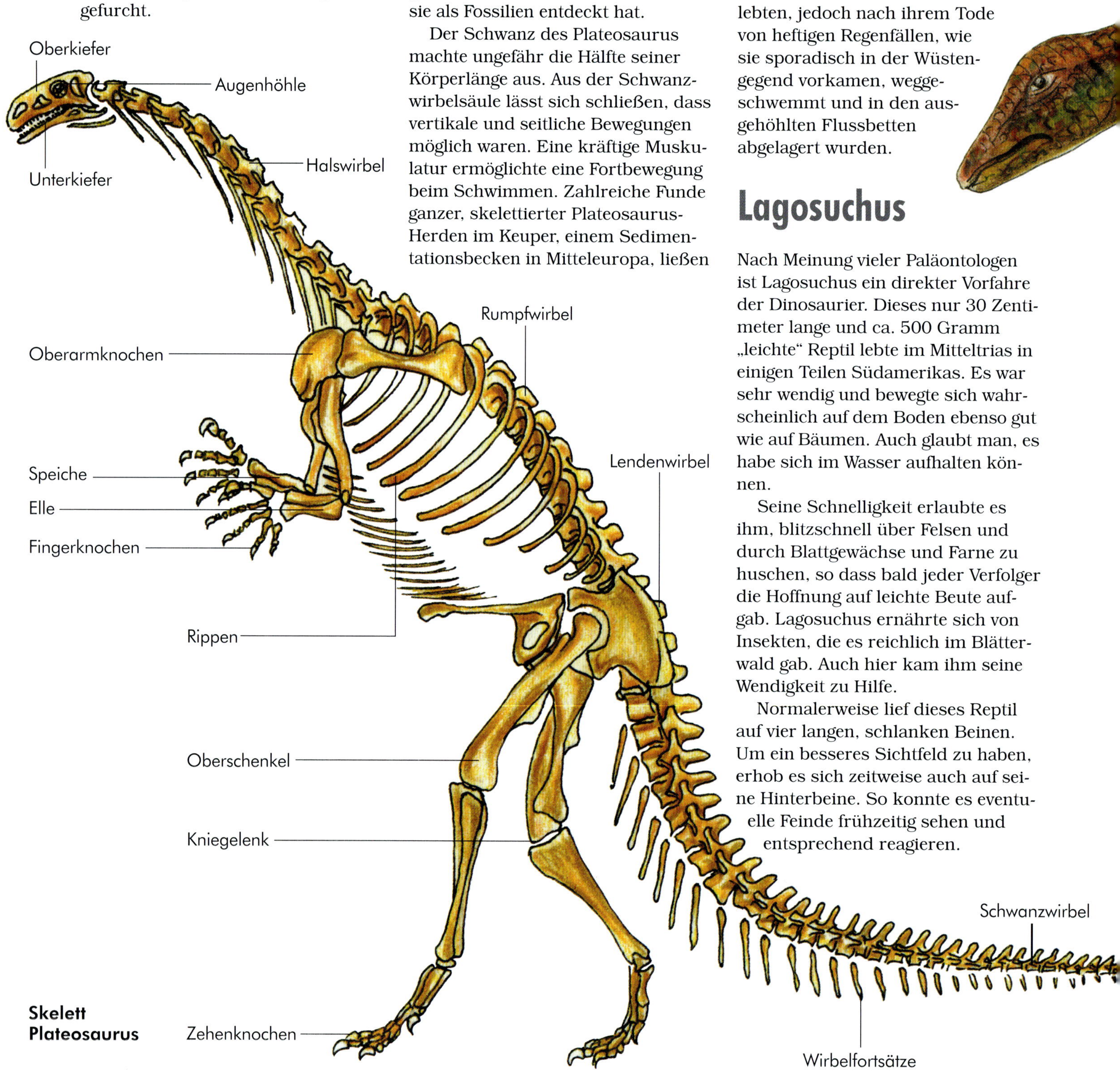

Skelett Plateosaurus

Lagosuchus

Nach Meinung vieler Paläontologen ist Lagosuchus ein direkter Vorfahre der Dinosaurier. Dieses nur 30 Zentimeter lange und ca. 500 Gramm „leichte" Reptil lebte im Mitteltrias in einigen Teilen Südamerikas. Es war sehr wendig und bewegte sich wahrscheinlich auf dem Boden ebenso gut wie auf Bäumen. Auch glaubt man, es habe sich im Wasser aufhalten können.

Seine Schnelligkeit erlaubte es ihm, blitzschnell über Felsen und durch Blattgewächse und Farne zu huschen, so dass bald jeder Verfolger die Hoffnung auf leichte Beute aufgab. Lagosuchus ernährte sich von Insekten, die es reichlich im Blätterwald gab. Auch hier kam ihm seine Wendigkeit zu Hilfe.

Normalerweise lief dieses Reptil auf vier langen, schlanken Beinen. Um ein besseres Sichtfeld zu haben, erhob es sich zeitweise auch auf seine Hinterbeine. So konnte es eventuelle Feinde frühzeitig sehen und entsprechend reagieren.

Lagosuchus

Überordnung: Archosauria
Ordnung: Thecodontia
Unterordnung: Ornithosuchia

Als Beweis für seine Dinosaurier-Verbindung sieht man den besonderen Bau des Beckengürtels und die Stellung der Fußgelenke. Die Knochen des Unterschenkels sind wesentlich länger als die des Oberschenkels. Dies ist ein Zeichen für besondere Schnelligkeit. Dieses war auch bei den zweibeinigen Dinosauriern der Fall.

Manche Forscher glauben, dass Lagosuchus ein Vorfahre der Flugsaurier, die zum Ende der Trias auftauchten, gewesen sein könnte.

Eudimorphodon

Zu den fliegenden Reptilien des Mesozoikums gehörte Eudimorphodon. Er war einer der frühesten Vertreter der Pterosauria (Flugsaurier).

Dieses Tier lebte im späten Trias. Man fand seine Fossilien in Sedimenten in Norditalien.

Eudimorphodon gehörte zur Unterordnung der Rhamphorhynchoidea, einer frühen und primitiven Gruppe der Flugsaurier. Er hatte eine Flügelspannweite von etwa 75 Zentimetern und war ein hervor ragender Flieger. Sein Kopf war relativ groß, aber durch zwei Schläfenöffnungen sehr leicht. Sein langer Schädel lief spitz zu.

Im schmalen Kiefer befand sich eine Reihe gut entwickelter spitzer Zähne, die vorn sehr lang waren und nach hinten etwas breiter und kürzer wurden. Damit konnte er Fische aus dem Wasser schnappen, die sich nah an der Oberfläche bewegten. An den Kopf setzte ein kurzer beweglicher Hals und ein kompakter Rumpf an. Daran schloss sich der durch knö-

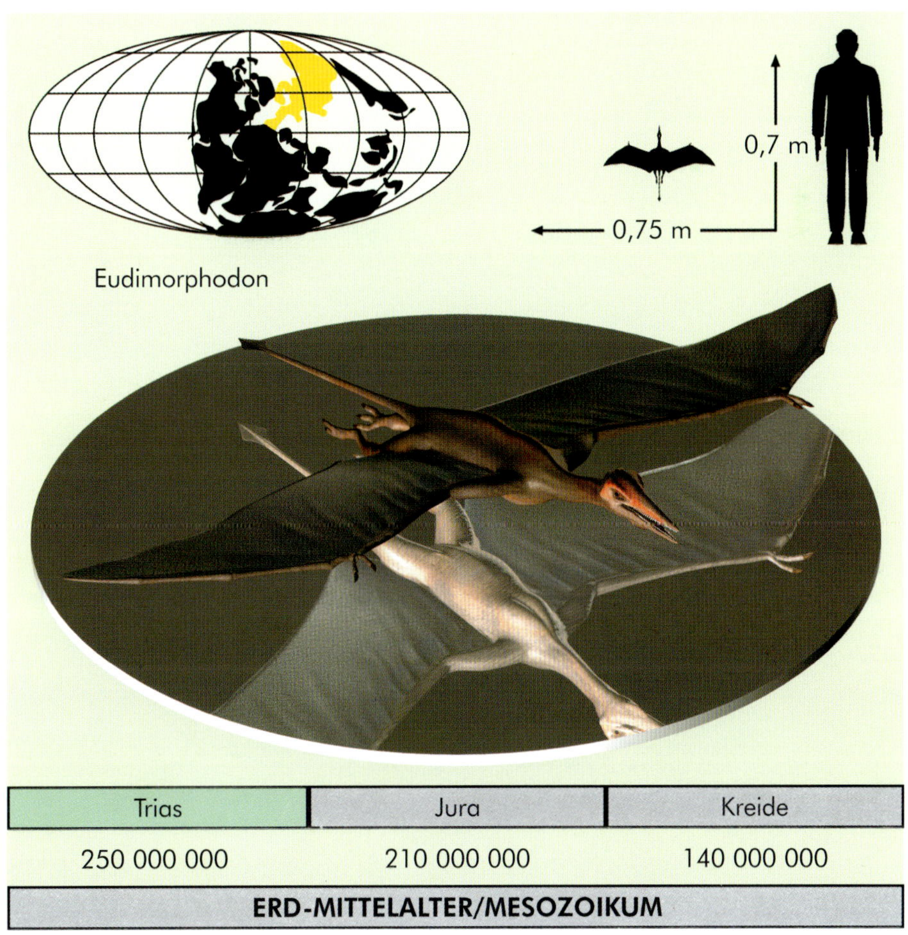

cherne Sehnen verstärkte Schwanz mit einem lappigen Ende an. Dieser diente während des Fliegens als Steuerruder und war gleichzeitig Gegengewicht zum großen Kopf.

Die Flughaut spannte sich vom vierten Finger ausgehend über verlängerte Finger- und Mittelhandknochen aus. Das Ende der Flughaut war an den Oberschenkeln festgewachsen. Gleichzeitig spannte sich eine Haut zwischen Hals und Handwurzel aus. Das Brustbein war sehr stark abgeplattet, so dass sich eine große Fläche zum Ansetzen der kräftigen Flugmuskulatur ergab. Eudimorphodon war bis zum Ende des Jura stark verbreitet und starb dann aus.

Nothosaurus

Zu den 4 Gruppen von meeresbewohnenden Reptilien (Placodontia, Nothosauria, Plesiosauria, Ichthysauria) des Mesozoikums gehörte auch Nothosaurus. Er entwickelte sich in den Flachmeeren der Triaszeit. Einige Wissenschaftler sind der Meinung, diese schwimmenden Reptilien seien die Vorfahren der Plesiosauria, die mit die ersten Reptilien waren, die sich komplett an ein Leben im Meer angepasst hatten. Andere teilen diese Meinung auf Grund unterschiedlicher Schultergürtelmerkmale nicht, sondern glauben, dass diese beiden Gruppen gleiche Vorfahren gehabt haben könnten.

Skelett Nothosaurus

Nothosaurus verbrachte vermutlich einen Großteil seines Lebens im Wasser. Dort war er ständig auf der Jagd nach Nahrung, die aus Fischen bestand. Man kann sich sein Leben ähnlich dem der heutigen Robben vorstellen. Bei einer Länge von 3 Metern hatte Nothosaurus einen länglichen Körper, ebenso wie einen langen Hals und Schwanz und war insgesamt sehr beweglich. Er hatte Schwimmfüße mit fünf langen Zehen, die nach Fossilienbelegen durch Häute miteinander verbunden waren. Auch sein Schädel war länglich. Die Kiefer waren mit großen spitzen Zähnen ausgestattet, die es leicht machten, die Beutefische zu halten. Die Beine ermöglichten noch ein Laufen an Land.

Seinen häufigen Landaufenthalt, den Nothosaurus auch wohl für Ruhepausen nutzte, beweisen die zahlreichen Funde unter anderem auch von Jungtieren in Höhlen und an Ufern. Besonders verbreitet sind Fossilienfunde um das Gebiet des

Eudimorphodon
Meeresbewohnendes Reptil

Ordnung:
Pterosauria
Unterordnung:
Rhamphorhynchoidea

Eudimorphodon hatte eine Körperlänge von ca. 70 Zentimeter. Sein Lebensraum waren die Bäume. Von dort aus unternahm er Ausflüge zur Futtersuche im Meer, wo er in niedriger Höhe kreiste und Fische fing, die nah an der Wasseroberfläche schwammen.

Tethys-Meeres und die umgebenden Schelfgebiete und Buchten dieser Zeit. Nothosaurus starb am Ende der Triaszeit aus.

Mixosaurus

Der stromlinienförmiger Mixosaurus war eine Art des Ichthyosauria. Er glich mit seiner langen schnabelartigen Schnauze verblüffend unseren Delphinen, weil er sich genauso wie sie an ein Leben auf hoher See anpassen musste. Diese meeresbewohnenden Reptilien waren zurück vom Land zum Meer übergesiedelt, ihre Beine waren in Flossen umgewandelt.

Die Familie der Mixosauridae lag von der Entwicklung her zwischen den frühen primitiven und den hoch entwickelten Arten der Fischsaurier. Mixosaurus lebte im Mitteltrias, wie zahlreiche Funde in Asien (China, Indonesien), Nordamerika (kanadische Arktis, Alaska, Nevada) und Europa belegen. Bei einer Länge von einem Meter hatte Mixosaurus einen fischähnlichen, länglichen Körper mit einer Flosse auf seinem Rücken. Man vermutet, dass er auch bereits eine kleinere Flosse an seinem Schwanzende hatte. Gestützt wurde diese durch die etwas nach oben abknickende Wirbelsäule.

Die Gliedmaßen waren wie Ruderblätter ähnlich wie bei einem Delphin, mit einem längeren Paar vorn und einem kürzeren Paar hinten. Davon setzte sich jede Gliedmaße aus fünf Zehen bzw. Fingern zusammen, die durch zusätzliche Knochen stark verlängert wurden.

Mixosaurus hatte lange schmale Kiefer, die mit scharfen Zähnen besetzt waren, also bestens für den Fischfang geeignet. Seine Jungen gebar er lebend, daher musste Mixosaurus nicht einmal zur Eiablage zurück aufs Festland. Er war also ein vom Land völlig unabhängiger Meeresbewohner.

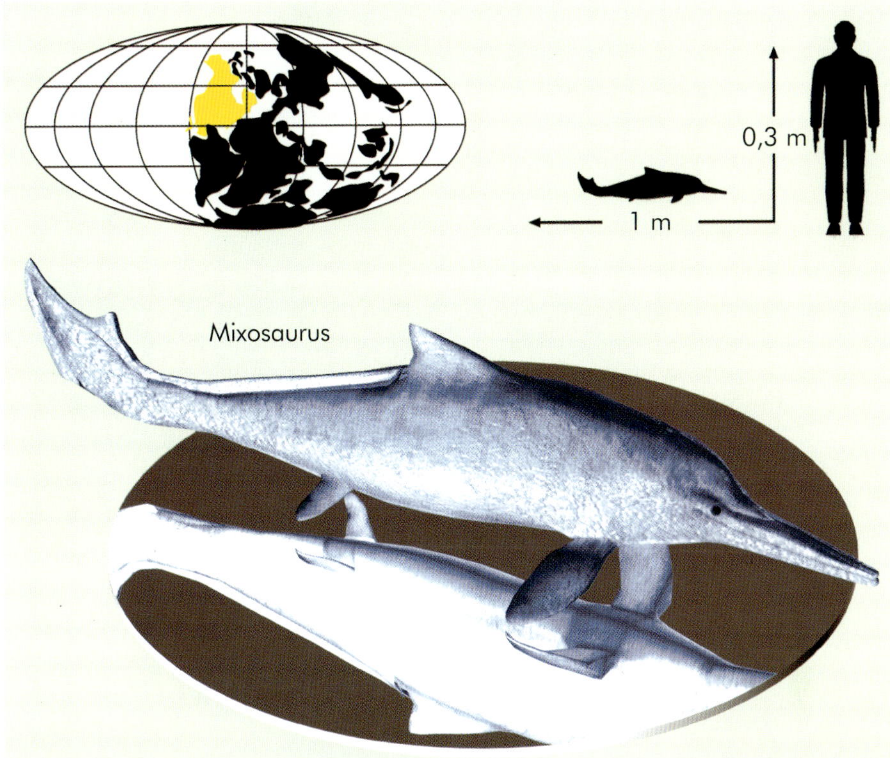

Trias	Jura	Kreide
250 000 000	210 000 000	140 000 000

ERD-MITTELALTER/MESOZOIKUM

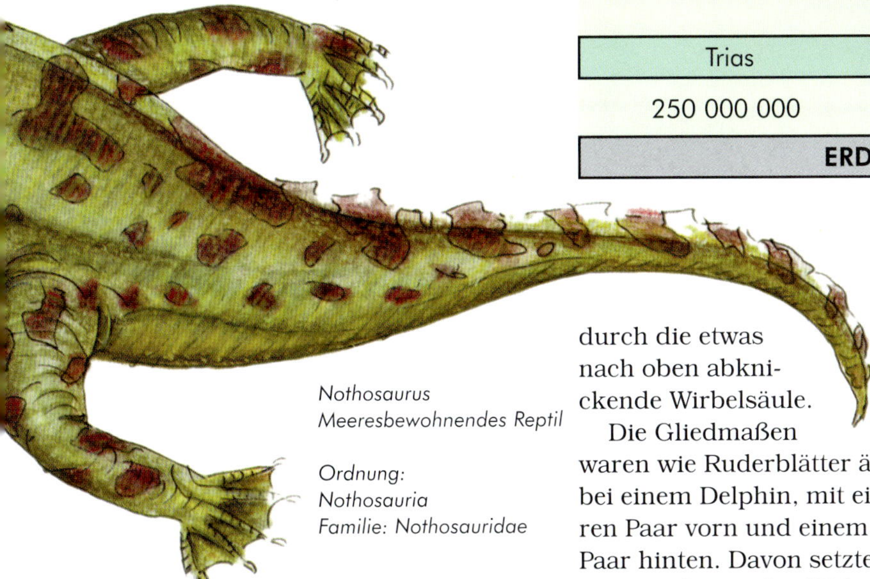

Nothosaurus
Meeresbewohnendes Reptil

Ordnung: Nothosauria
Familie: Nothosauridae

Der Lebensraum des Mixosaurus war das Meer. Dort konnte er mit einer Geschwindigkeit von über 40 Kilometern pro Stunde leicht dem ausgiebigen Fischfang nachgehen. Man fand diese Art, die lebende Junge gebar, vor allem in Europa und Asien.

Mixosaurus
Meeresbewohnendes Reptil

Ordnung: Ichthyosauria
Familie: Mixosauridae

Placodus
Meeresbewohnendes Reptil

Ordnung:
Placodontia
Familie:
Placodontidae

Placodus

Placodus gehörte zu der Gruppe meeresbewohnender Reptilien, die am wenigsten auf die Rückkehr vom Land ins Meer eingestellt war. Die Familie der Placodontidae, auch Pflasterzahnsaurier genannt, zog den Uferbereich der flachen Küstengewässer vor. Dort ernährte sie sich überwiegend von Muscheln.

Mit einem gedrungenen Körper, einem kurzen Hals und ebenfalls kurzen Gliedmaßen war das Aussehen von Placodus ähnlich wie bei den frühen landbewohnenden Reptilien. Seine Körperunterseite, die dicht am Boden lag, wurde durch Bauchrippen gut geschützt. Auch die Wirbelsäule lag sicher unter einer Reihe von Knochenhöckern auf dem Rücken des Tieres. Bei späteren Arten waren Bauch und Rücken durch stärkere Panzerung noch gesicherter.

Anhand des Schädels lässt sich erkennen, dass Placodus auf Muscheln spezialisiert war. Von seinen Schläfenfenstern aus gingen kräftige Muskeln nach vorn zum Kiefer, wo sich eine Reihe stumpfer Zähne befand. Damit konnten Muscheln von den Felsen gezupft werden. Die hinteren Zähne, die sich auch auf dem Gaumen befanden, waren besonders breit und flach zum Zermalmen der Muschelschalen. Durch die kräftige Kiefermuskulatur wurde die Beißkraft noch vergrößert.

Das etwa 2 Meter lange Reptil erschien im Untertrias und existierte für etwa 35 Millionen Jahre. Dann starb es aus, wogegen andere Meeresbewohner wie Ichthyosaurus oder auch Plesiosaurus mehr als 100 Millionen Jahre die Herrscher der Meere waren. Fossilien von Placodus wurden in den deutschen Alpengebieten gefunden.

Cynognathus

Die langlebigste Gruppe der Therapsida (säugetierähnliche Reptilien) waren die Cynodontia, was soviel wie „Hundezähner" bedeutet. Diese existierten insgesamt 80 Millionen Jahre lang (Oberperm bis mittleres Jura).

Zu dieser Unterordnung gehörte Cynognathus, ein säugerähnliches Reptil, das in der frühen Triaszeit lebte. Es hatte einen schlanken Körper mit einem etwa 30 Zentimeter langen Kopf, der verblüffend dem eines modernen Hundes ähnelte. Es hatte Schnurrbarthaare und einen kräftigen Schwanz. Die Beine waren relativ lang und ließen sich bei der Beutejagd nah an den Körper anziehen.

Das Tier wurde etwas mehr als 1 Meter lang und gehörte zu den größten der Cynodontia. Wahrscheinlich besaß Cynognathus schon eine Art Fell. Dadurch war er von der Außentemperatur relativ unabhängig, denn mit der Behaarung konnte er seine Körpertemperatur konstant halten.

Der Kiefer war interessant aufgebaut: Fast der gesamte Unterkiefer war aus einem einzigen Knochen gebildet. Hier war auch das gesamte Gebiss verankert. Die Zähne waren bereits differenziert ausgebildet. Im vorderen Kieferbereich befanden sich kleine Schneidezähne, dahinter große Reißzähne und dahinter scharfkantige Backenzähne. Über ei nen Gelenkfortsatz wurde die Verbindung zum Schädel geschaffen. Außerdem fand hier auch die kräftige Kaumuskulatur eine breite Ansatzfläche. Cynognathus war ein gefährlicher Räuber, der in Rudeln im hügeligen Hochland Afrikas und Amerikas lebte. Er gehörte zu den gierigsten Fleischfressern der Trias.

Cynognathus
Säugerähnliches Reptil

Ordnung: Therapsida
Unterordnung: Cynodontia

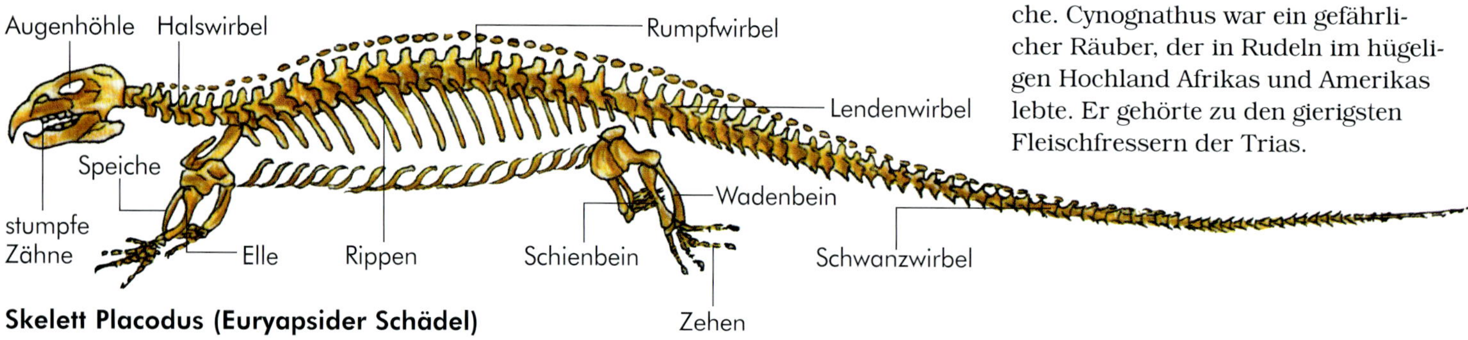

Skelett Placodus (Euryapsider Schädel)

Jura

Dieses geologische System des Erdmittelalters (Mesozoikum) wurde benannt nach dem Schweizer Juragebirge, wo es zahlreiche fossile Ablagerungen aus dieser Zeit gibt. Besonders häufig wurden in den Ablagerungen dieses Abschnittes Ammoniten und Belemniten, beides Kopffüßer, gefunden.

Ammoniten brachten eine große Formenvielfalt hervor. Sie waren sehr klein und maximal 1,8 Meter groß, mal waren die spiralig aufgewundenen Gehäuse glatt, mal reich verziert. Ihre Nahrung bestand aus Kleinorganismen, die sie in Meeresbodennähe fanden. Belemniten wurden bis zu 3 Meter lang. Sie hatten eine kegelartige Form mit einer kalkreichen Schale. Andere Meeresbewohner waren Muscheln, Schnecken, Krebse, Seelilien usw.

Doch auch Reptilien und Dinosaurier besiedelten die Meere im Jura sehr stark. Am bekanntesten ist wohl Ichthyosaurus, ein Fischsaurier. Er hatte sich völlig an das Meer angepasst und musste auch seine Jungen dort gebären. Plesiosaurus und Elasmosaurus, beides Fischräuber, gehörten ebenfalls zu den Meeresbewohnern des Jura. Sie waren allerdings in der Lage, sich am Strand aufzuhalten.

Fossile Libelle

Die Krokodile jagten in den flachen Gewässern, konnten aber auch kilometerweit in den Meeren herumschwimmen. Auf dem Land brachten die Reptilien es zu großer Ausbreitung. Davon war besonders der Zweig der Sauromorphen betroffen, der die Dinosaurier, die Flugsaurier, die Eidechsen, Schlangen, Krokodile und Vögel umfasst.

Der andere Zweig der Reptilien, die säugetierähnlichen Reptilien (Theromorphen), hatte ihre Blütezeit schon im Perm und in der Trias gehabt. Von ihnen existierten im Jura nur noch ihre Nachfahren, die Säugetiere.

Farn im Jura

Während der Zeit des Jura brachen die gewaltigen Landmassen in kleinere Kontinente auseinander. Das Vordringen von Flachmeeren brachte Regen in Gebiete, die vorher Wüstenlandschaften waren. In einigen Gebieten war das Klima warm und feucht, eine üppige Pflanzenwelt breitete sich aus. In dieser Umgebung entwickelten sich die Dinosaurier prächtig und brachten viele neue Spezies hervor.

Gegen Ende des Jura, vor 145 Millionen Jahren, lösten sich die nördlichen und die südlichen Kontinente voneinander. Nordamerika löste sich von Afrika, blieb aber noch mit Nordeuropa verbunden. Indien verschob sich wohl von da an nach Norden. Zwischen Afrika und den immer noch zusammenhängenden Landmassen von Nordamerika und Europa sowie zwischen Nordamerika und Asien bildeten sich Flachmeere über die Tiefländer aus. Es gab keine Poleiskappen, die sonst eine Menge des Wassers gebunden hätten.

Das warme Klima setzte sich bis in die Kreidezeit fort. Unter dem Einfluss hoher Regenfälle konnten sich riesige Farne, Koniferen und Gingkobäume entwickeln. Sie wuchsen vor allem in den Mündungsdeltas der häufig überschwemmten Flüsse, wo sich fruchtbare Sande ablagerten.

In diesen sumpfigen Wäldern fanden gewaltige Pflanzenfresser wie Brachiosaurus und Brontosaurus hervorragende Lebensvoraussetzungen. Auch Dachsaurier wie Stegosaurus in Nordamerika und Tuojiangosaurus in Asien erreichten ihre höchste Artenvielfalt bis zum Ende des Jura. Manche ihrer Gruppen überlebten sogar bis zum Ende der Kreidezeit.

Neben den Pflanzenfressern breiteten sich zahlreiche große und kleine Raubsaurier über alle Kontinente aus. Zu den großen Räubern gehörten Dilophosaurus und Allosaurus. Zu den kleineren wendigen Jägern gehörte beispielsweise Compsognathus, der nicht größer als ein Huhn war. Er ernährte sich überwiegend von Insekten wie Libellen und anderen Kleintieren. Aus etwa der gleichen Zeit stammte der erste bekannte Urvogel Archaeopteryx.

Archaeopteryx Lithographica

Unterklasse: Archaeornithes
Gattung: Archaeopteryx

Archaeopteryx Lithographica

Im Jahre 1861 wurde das erste Skelett von Archaeopteryx in einer 150 Millionen Jahre alten Kalksteinplatte in Solnhofen (Süddeutschland) gefunden. Es war fast vollständig erhalten. Neben feinen Knochen fand man auch Abdrücke von Federn auf dem Schwanz und auf den Flügeln. Ein noch besser erhaltenes Skelett wurde 1877 in unmittelbarer Nähe entdeckt. Inzwischen sind insgesamt fünf dieser Fossilien gefunden worden, die alle aus dem Plattenkalk stammen.

Archaeopteryx (griech.: Urflügel-Flügel, gemeint ist Vogel) stellt von seiner Anatomie her wahrscheinlich ein Bindeglied zwischen den Reptilien und den Vögeln dar, ist aber wohl eher eine Nebenlinie des Vogelstammbaumes und kein direkter Vorfahre der Vögel. Auf Grund der gegenübergestellten Zehe und der Ausbildung des Handgelenkes wurde Archaeopteryx zu den Vögeln gestellt. Weitere vogeltypische Merkmale waren die Federn an Flügeln (Armen) und Schwanz und das Gabelbein, das sich aus den beiden verschmolzenen Schlüsselbeinen gebildet hatte. Sonst hätte man Archaeopteryx ohne weiteres für einen kleinen zweifüßigen Fleischfresser halten können.

Archaeopteryx hatte etwa die Größe einer Taube. Der Kopf war klein mit großen Augen und spitzen Zähnen in Ober- und Unterkiefer. Der Schwanz war lang und knöchern. Das Skelett des ungefähr 35 Zentimeter langen Urvogels weist viele Merkmale der Reptilien auf, z. B. der lange Schwanz, die Bauchrippen, der Bau des Gehirns und die bezahnten Kiefer.

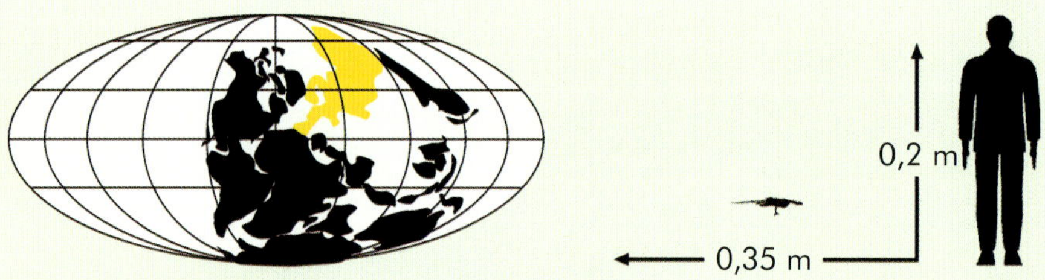

Archaeopteryx

Trias	Jura	Kreide
250 000 000	210 000 000	140 000 000

ERD-MITTELALTER/MESOZOIKUM

Wahrscheinlich lebte Archaeopteryx in den Wäldern, wo er sich überwiegend von Insekten ernährte. Er konnte möglicherweise eher von Baum zu Baum flattern als fliegen. Die Spannweite seiner Flügel betrug etwa 45 Zentimeter. Unklar ist die Funktion der Federn von Archaeopteryx. Entweder waren sie wichtig für den Flug oder sie dienten der Wärmeisolierung, wenn Archaeopteryx sich im Schatten der Baumwipfel aufhielt.

Teratosaurus

Zu den ältesten bekannten Fleisch fressenden Großechsen gehörte die Familie der Megalosauridae, zu denen auch Teratosaurus gerechnet wird. In Deutschland wurden Zähne von ihm gefunden. Nach diesen spärlichen Informationen über das Tier war es für die Paläontologen schwer einzuordnen, zu welcher Gruppe Teratosaurus gehörte.

Nach den ersten Funden, die dem späten Trias zugeordnet wurden, entdeckte man ebenfalls Skelettfragmente einer verwandten Art in Südafrika. Diese stufte man in die frühe Jurazeit ein. Aus wenigen Knochenfragmenten hat man versucht, Teratosaurus zu konstruieren. Dabei hat sich Folgendes ergeben: Es handelte sich bei Teratosaurus um einen stämmigen Fleischfresser mit großem Kopf und kurzem, muskulösem Hals sowie einem langen, starren Schwanz. Er hatte kräftige Arme, die in drei Fingern mit Klauen endeten, und lief auf zwei kräftigen, langen Hinterbeinen mit dreizehigen Füßen.

Mit seinen kräftigen Krallen war Teratosaurus in der Lage, auch größere Tiere aufzuschlitzen. Seine zahlreichen, spitzen Zähne halfen beim Zerreißen der Beute. Teratosaurus wurde ca. 6 Meter lang und wog zwischen 4 und 7 Zentnern.

Teratosaurus

Ordnung: Saurischia
Unterordnung: Theropoda
Familie: Megalosauridae

Echinodon

Das Echinodon, ein Angehöriger der Vogelbecken-Dinosaurier (Ornithischia), gehört zu den Vogelfüßern der Familie der Fabrosauridae, die aus flinken Zweibeinern bestand.

Echinodon war ein kleines Tier von nur 60 Zentimeter Länge. Es hatte ein echsenähnliches Aussehen und lief aufrecht auf zwei schlanken Hinterbeinen. Damit konnte es sich flink bewegen. Die Arme waren kurz, der Körper geschmeidig und an einen gelenkigen Hals schloss sich ein relativ kurzer Kopf an.

Von Echinodon wurden nur die Kieferknochen gefunden. Daran konnte man sehen, welch ungewöhnliche Zähne das Tier hatte. Die langen und scharfen Zähne waren eher untypisch für die Fabrosauridae und passten vom Äußeren her eher zu den Echsen mit den vielfältigen Zähnen, wie Heterodontosaurus sie hatte.

Der einzige Fund eines Echinodon wurde in England gemacht. Die Familie der Fabrosauridae, zu denen Echinodon gehörte, soll sich über die ganze Welt ausgebreitet haben.

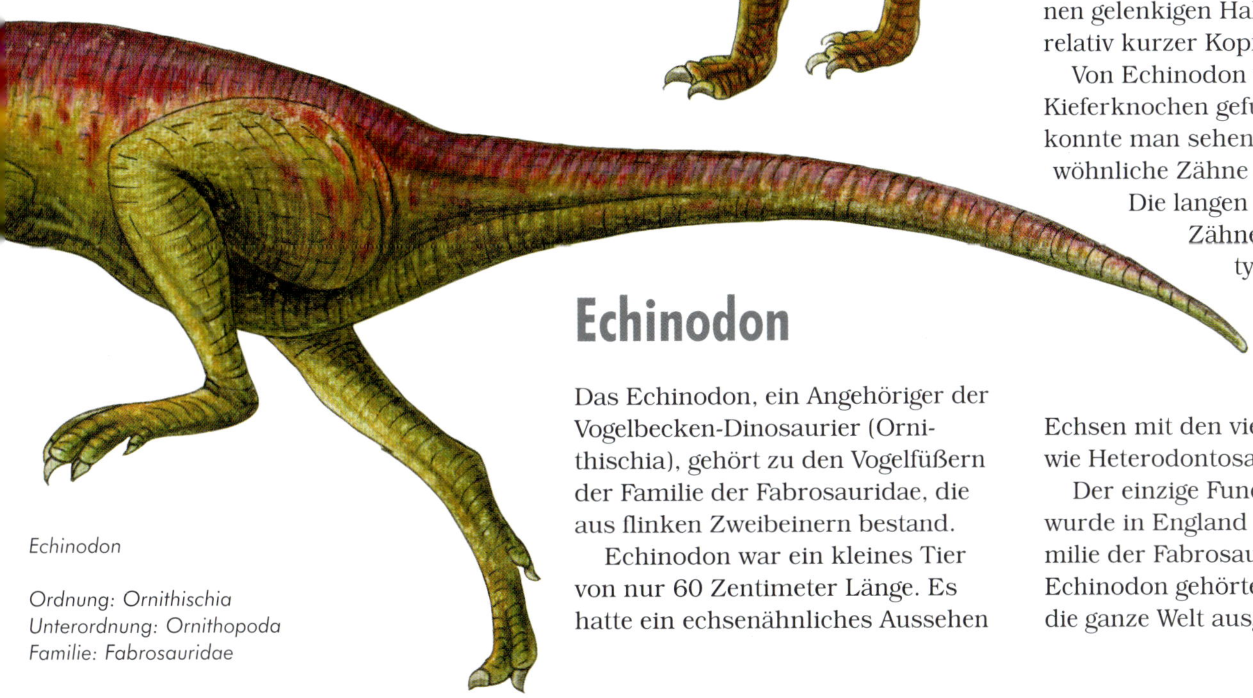

Echinodon

Ordnung: Ornithischia
Unterordnung: Ornithopoda
Familie: Fabrosauridae

Diplodocus-Skelett

In einer großen Herde lebte Diplodocus in den Sumpfgebieten und Wäldern von Nordamerika. Neben Wasserpflanzen fraß er auch von den hoch gelegenen jungen Trieben der Nadelbäume.

Diplodocus

Der Diplodocus (griech.: dokós = Balken) gehörte zu den großen Pflanzenfressern der Gruppe der Saurischia (Echsenbecken-Saurier). Er stammte aus dem oberen Malm (Zeitabschnitt des Jura-Zeitalters) und wurde vor allem in Nordamerika gefunden.

Mit einer Körperlänge von 25 bis 30 Metern erreichte er „nur" ein Körpergewicht von 10 Tonnen. Die Ursache dafür lag in seinem Wirbelleichtbau. Diese waren von innen fast hohl und wurden durch kräftige Restknochen in Verbindung mit starken Muskelsträngen gehalten. Zum Vergleich: Brachiosaurus hatte bis zu 80 Tonnen Gewicht.

Der schlanke Rumpf des Diplodocus war nur etwa 4 Meter, der ebenfalls dünne Hals dagegen über 7 Meter lang. Daran schloss sich ein kleiner, lang gestreckter Schädel an (ca. 60 Zentimeter).

Schwache, stiftartige Zähne bildeten einen Seihapparat, der die Nahrungsaufnahme ermöglichte. Zum Speiseplan gehörten vor allem Wasserpflanzen, aber auch Weichtiere und andere Kleintiere.

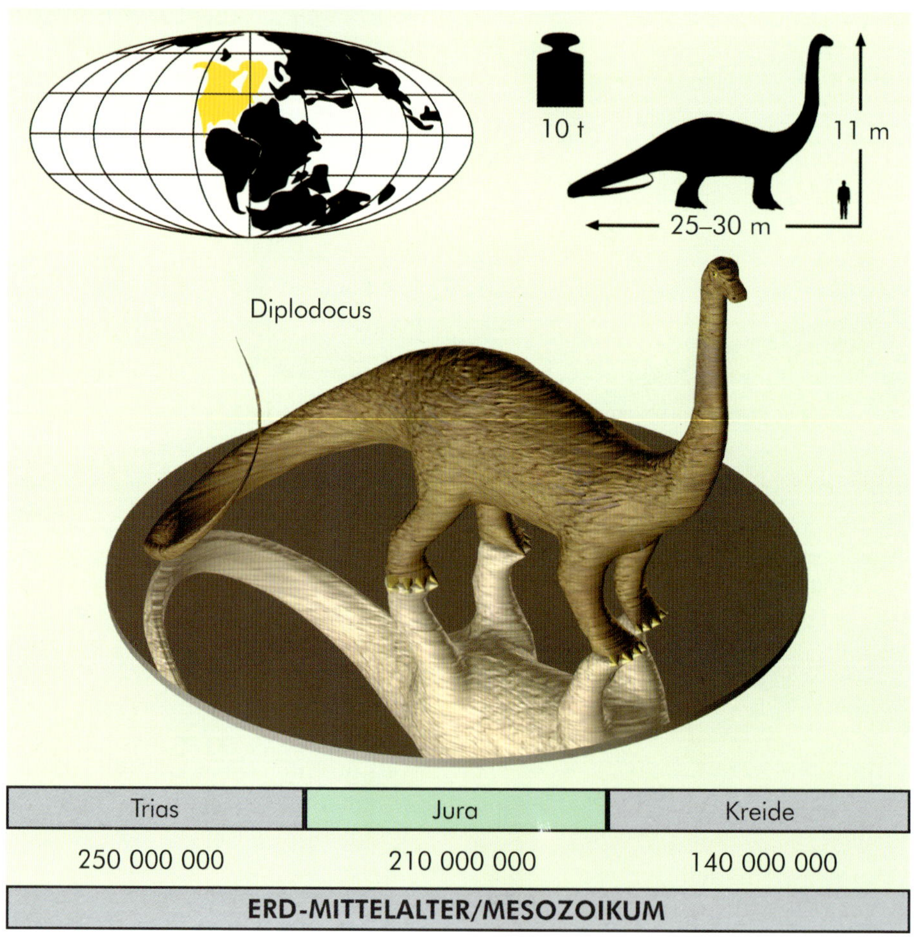

Diplodocus

Ordnung: Saurischia
Infraordnung: Sauropoda
Familie: Diplodocidae

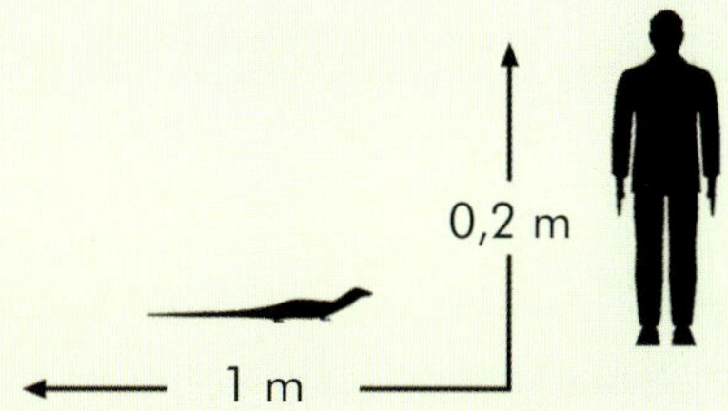

Protosuchus

Trias	Jura	Kreide
250 000 000	210 000 000	140 000 000

ERD-MITTELALTER/MESOZOIKUM

Protosuchus

Protosuchus gehörte zur erfolgreichsten Gruppe der Archosauria (Überordnung der Reptilien). Er war ein Landkrokodil. Dieses ist bekannt, weil man seine fossilen Reste zusammen mit Dinosaurierfossilien entdeckte. Diese Funde wurden in Arizona in Nordamerika in Schichten des frühen Jurazeitalters gemacht.

Das etwa 1 Meter lange Krokodil hatte einen flachen, länglichen Schädel. Die kurzen Kiefer verliefen nach hinten etwas breiter. Ihre Muskulatur war weit hinten angebracht, damit das Tier zum Verschlingen seiner Beute möglichst weit das Maul aufreißen konnte.

Zwischen Mundhöhle und Nasenhöhle befand sich eine knöcherne Trennplatte, die es dem Krokodil möglich machte, gleichzeitig zu atmen und zu fressen. Vorn im Unterkiefer hatte Protosuchus zwei kräftige Eckzähne, die beim Schließen des Maules genau in eine Furche des Oberkiefers passten.

Protosuchus

Ordnung: Crocodylia
Unterordnung: Protosuchia

Dilophosaurus

Dieser große zweibeinige Fleischfresser, der zu den Echsenbecken-Dinosauriern gehörte (Saurischia), lebte vor 200 Millionen Jahren im frühen Jura. Sein Name bedeutet „Echse mit zwei Kämmen". Sein auffälligstes Merkmal waren zwei parallele Knochenkämme auf seinem Kopf, die ihm auch den Namen gaben.

Weshalb sie vorhanden waren, ist bisher unklar. Zur Verteidigung konnten sie nicht dienen, dazu waren sie zu dünn und zu zerbrechlich. Entweder hatten sie die Funktion eines Thermoregulators oder waren zum Imponieren beim Anlocken von Weibchen bzw., wenn es darum ging, amouröse Konflikte mit Rivalen auszutragen.

Dilophosaurus hatte einen leichten, schlanken Körperbau, einen langen Schwanz und lange, schlanke Beine. Insgesamt wurde er etwa 6 Meter lang, also doppelt so lang wie die Vorgänger aus der Triaszeit. Er wog ungefähr 500 Kilogramm. Die Beckenstruktur von Dilophosaurus war schwach ausgebildet. Sie bestand nur aus vier Sakralwirbeln. Dieses kann ein Hinweis darauf sein, dass das Tier sich häufig im Wasser aufhielt, wo das Körpergewicht durch die Tragkraft des Wassers aufgefangen wurde. Sicherlich lebte der Fleischfresser nicht nur im Wasser, sondern konnte sich sehr flink und wendig auf zwei Beinen fortbewegen. An Land jagte er mit seinen kralligen Händen und Füßen nach seiner bevorzugten Nahrung, die aus pflanzenfressenden Sauriern, aber auch aus Aas bestand.

Rhamphorhynchus

Ordnung: Pterosauria
Unterordnung: Rhamphorhynchoidea

Rhamphorhynchus

Rhamphorhynchus war ein Flugsaurier (Pterosauria) im späten Jura. Skelette von Rhamphorhynchus wurden in den Kalkplatten von Solnhofen (Süddeutschland) gefunden, wo man auch Überreste von Archaeopteryx entdeckt hatte.
Hier konnte man besonders gut die Struktur der Flügelhaut erkennen. Diese war ledrig und von dünnen Fasern durchzogen. Sie wurde ähnlich wie bei Fledermäusen von den verlängerten Fingerknochen ausgespannt.

Das hintere Flügelende war mit dem Oberschenkel verbunden. Die Flügelspannweite des insgesamt 1 Meter langen Sauriers betrug 75 Zentimeter. An den schlanken Körper schloss sich ein langer Schwanz, der mit einem Hautlappen endete, an. Er wurde durch verknöcherte Sehnen versteift. Wahrscheinlich diente er zur Steuerung.

Im Vergleich zum Körper war der Kopf ziemlich groß, aber leicht gebaut. Der Hals war ziemlich kurz. Rhamphorhynchus hatte große scharfe Zähne in seinem schmalen Kiefer. Diese waren an den Spitzen nach außen gebogen, also bestens geeignet zum Schnappen der Fische, die er sich holte, wenn er gemeinsam mit anderen dicht über der Wasseroberfläche segelte. Am Ende der Jura starb Rhamphorhynchus aus.

Dilophosaurus

Ordnung: Saurischia
Unterordnung: Theropoda
Familie: Megalosauridae

Stegosaurus

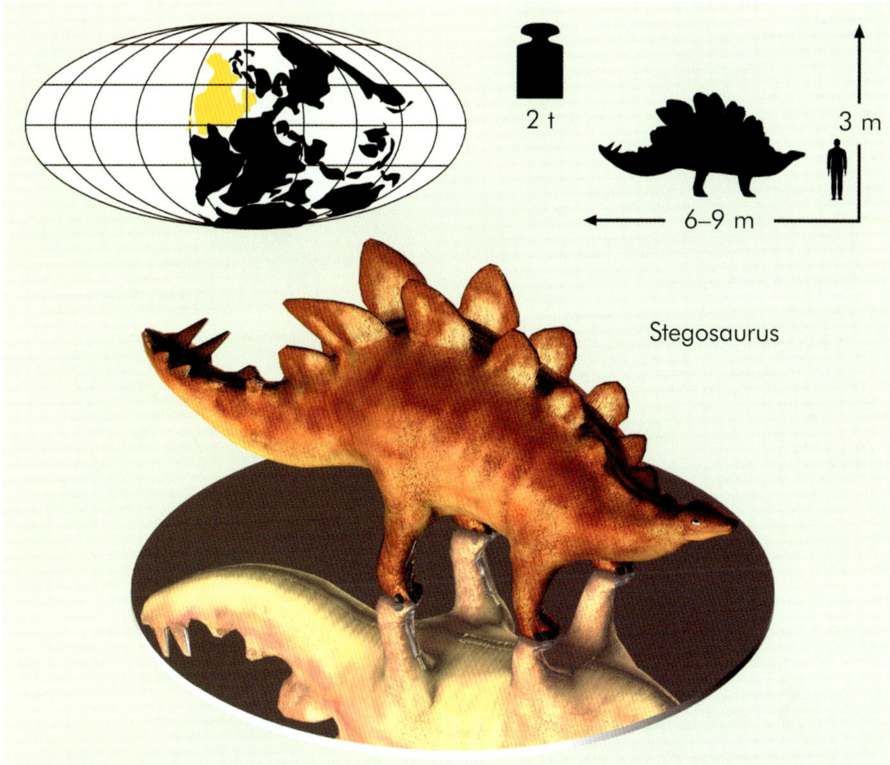

Trias	Jura	Kreide
250 000 000	210 000 000	140 000 000

ERD-MITTELALTER/MESOZOIKUM

Dieser Pflanzenfresser aus der Ordnung der Vogelbecken-Dinosaurier (Ornithischia) lebte vor 150 Millionen Jahren. Er gehörte zu den gepanzerten Dinosauriern und ist wegen seiner beeindruckenden Erscheinung einer der bekanntesten. Stegosaurus war der größte Vertreter der Familie der Stegosauridae. Er erreichte eine Körperlänge von 6 bis 9 Metern. Dabei hatte er ein Gewicht von bis zu 2 Tonnen.

Auf seinem Rücken besaß Stegosaurus eine Reihe von Knochenplatten. Diese waren nicht mit dem Skelett verbunden, sondern nur in die Haut eingebettet. Deshalb ist nicht ganz klar, wie sie angeordnet waren. Wahrscheinlich standen sie aufrecht in einer Doppelreihe, entweder paarweise oder versetzt gegeneinander. Noch heute sind sich Paläontologen nicht einig, ob die bis zu 60 Zentimeter herausragenden Knochenplatten zur Verteidigung dienten oder zum Schutz der Wirbelsäule vor den großen Fleischfressern? Oder waren sie Wärmeregulatoren, die die Oberfläche zur Aufnahme der Sonnenwärme vergrößerten?

Am Schwanz von Stegosaurus befanden sich hornige, spitze Stacheln, die sicher der Verteidigung dienten. Stegosaurus konnte nämlich mit seinem Schwanz hin- und herschlagen.

Lange Dornfortsätze an Rücken- und Schwanzwirbeln boten eine große Ansatzfläche für die sehr kräftige Rückenmuskulatur. So konnte sich Stegosaurus zum Abäsen der Bäume auch auf die Hinterbeine stellen. Seine Hauptnahrung bestand aber wohl eher aus kleinwüchsigen Pflanzen, die es in den Wäldern des Dschungels ausreichend gab.

Der Schädel von Stegosaurus war verhältnismäßig klein, ebenso sein Gehirn. Die Kiefer endeten vorn schnabelartig, weiter hinten hatten sie kleine Zähne. Dieses machte ein Zerkleinern der Pflanzenteile schwer, deshalb schluckte Stegosaurus, ähnlich wie andere Pflanzenfresser, Steine (Gastrolithen) mit hinunter, die ihm beim Zermahlen halfen. Waren die Steine abgenutzt, wurden sie gegen neue gewechselt.

Besonders auffällig bei Stegosaurus ist noch die Tatsache, dass die kräftigen Beine hinten doppelt so lang waren wie vorn. Da er normalerweise auf allen Vieren lief, fiel sein Körper von der Beckengegend an steil nach vorn ab.

Stegosaurus

Ordnung: Ornithischia
Unterordnung: Stegosauria
Familie: Stegosauridae

Allosaurus

Allosaurus

Ordnung: Saurischia
Unterordnung: Theropoda
Familie: Allosauridae

Der größte Raubsaurier, der im Oberjura vor 156 bis 130 Millionen Jahren lebte, war Allosaurus. Allosaurus bedeutet: andere Echse (allos = fremd, sauros = Reptil). Erst Millionen Jahre später in der Kreide übertraf ihn Tyrannosaurus an Größe. Allosaurus gehörte zu den Echsenbecken-Dinosauriern (Saurischia) mit der Infraordnung Carnosauria (große Fleisch fressende Dinosaurier). Fundorte waren vor allem die Morrison-Formation von Nordamerika, aber auch Afrika, Australien und Asien.

Dieses große, schwerfällige Ungetüm erreichte eine Länge von über 12 Metern (etwa ein Omnibus) und war etwa 4,6 Meter hoch. Sein Gewicht erreichte bis zu 2 Tonnen. Er hatte einen massigen Körper und stämmige Füße, die dreizehig mit scharfen Krallen endeten. Damit tötete er seine Beute, die er dann mit seinen robusten, ebenfalls kralligen Händen und reißerischen Blattzähnen in Stücke riss.

Seine Nahrung waren Pflanzenfresser wie Apatosaurus und Stegosaurus. Die Beute war mindestens so groß wie Allosaurus selbst, so dass sie lange reichte. Er stellte ihr vermutlich lauernd nach, ähnlich wie die heutigen Löwen. Manche Paläontologen sind der Meinung, Allosaurus hätte nur Aas gefressen, auf jeden Fall war es Fleisch eines Pflanzenfressers, das er verzehrte. Dieses zeigten seine Zahnspuren an den Skeletten dieser Tiere.

Der Schädel von Allosaurus war groß, aber weite Öffnungen im Schädel sparten Gewicht. Normalerweise sind die einzelnen Schädelknochen (außer Kieferknochen) fest miteinander verwachsen. Bei Allosaurus jedoch dienten die losen Knochen als Ansatzpunkte für eine kräftige Kaumuskulatur. Er konnte sein Maul besonders weit öffnen und riesige Fleischstücke seiner Beute auf einmal verschlingen. Kiefer und Schädeldecke waren die einzig massiven Knochen und bildeten Schutz für das Gehirn. Gleichzeitig dienten auch sie als Ansatzfläche für die Beißmuskulatur.

Die Augen von Allosaurus waren fast doppelt so groß wie die des wesentlich größeren Fleischfressers Tyrannosaurus. Darüber lagen stabile Knochenverdickungen, die ihm Schutz beim Kampf mit der Beute boten. Vielleicht schützten sie auch vor dem Sonnenlicht. Revierkämpfe fanden vermutlich durch Aneinanderstoßen der Köpfe statt.

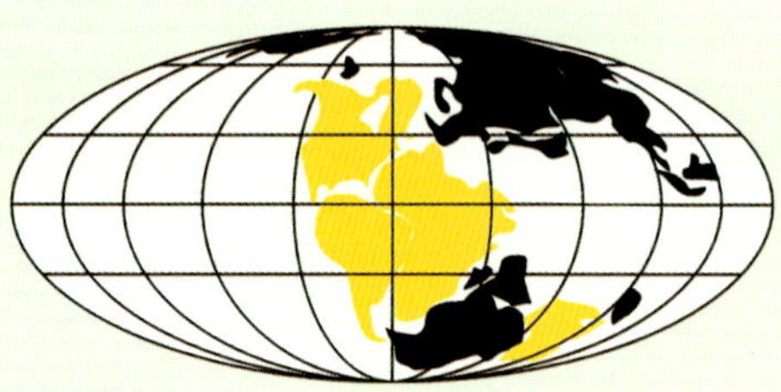

Allosaurus

Trias	Jura	Kreide
250 000 000	210 000 000	140 000 000

ERD-MITTELALTER/MESOZOIKUM

Sein muskulöser und stämmiger Hals machte kraftvolle Kopfbewegungen möglich. Mit kräftigen Schweifhieben konnte Allosaurus seine Beute verteidigen. Außerdem diente er als Balance beim Laufen. Das Rückgrat bestand aus Wirbeln mit langen Fortsätzen, die Ansatz für einen gewaltigen Muskelapparat boten.

Allosaurus hatte ungefähr 40 Zähne im Oberkiefer und etwas weniger im Unterkiefer. Sie waren bis zu 10 Zentimeter lang und an zwei Seiten sägezahnartig gezackt wie ein Messer zum Fleisch schneiden. Dadurch, dass sie nach hinten gerichtet waren, verhinderten sie ein Entwischen des gepackten Beutetieres. Waren die Zähne abgenutzt oder gar abgebrochen, wuchsen neue nach.

Allosaurus lebte und jagte in Paaren oder in Rudeln in den niedrigen Hochländern im westlichen Teil Nordamerikas (Basis der heutigen Rocky Mountains). Von diesen Höhen strömten Flüsse, an deren Ufern dichte Urwälder wuchsen.

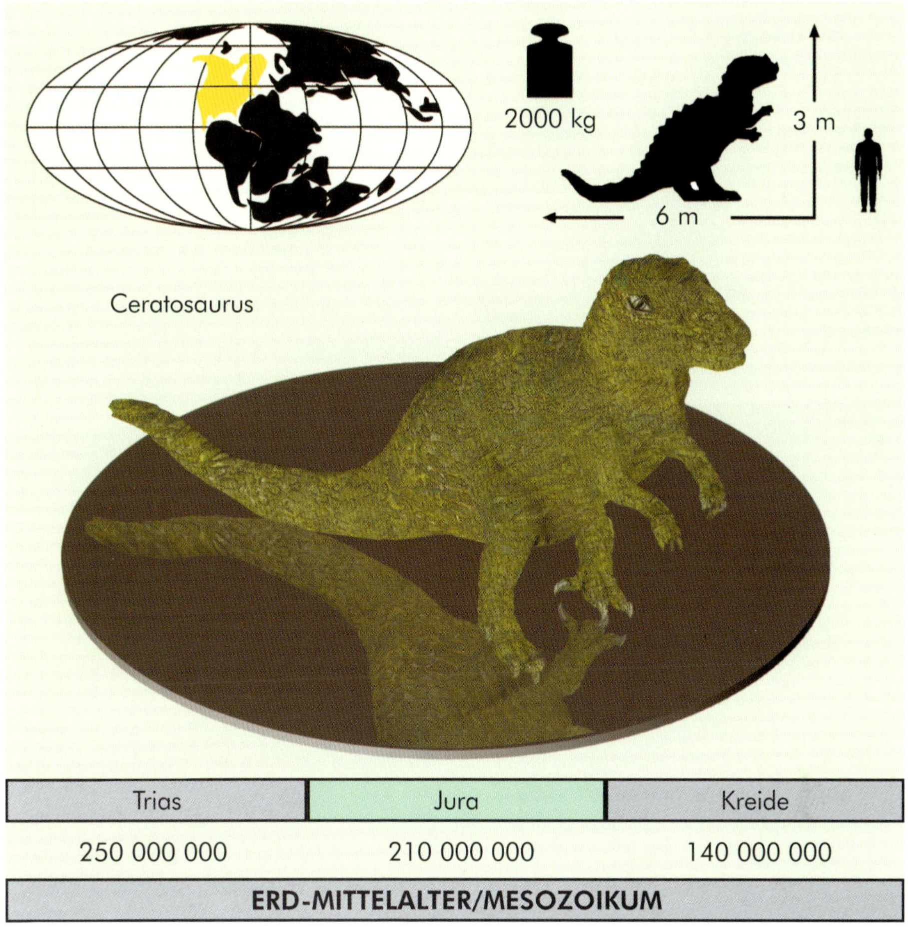

Ordnung:
Saurischia

Ceratosaurus

Infraordnung:
Carnosauria
Familie:
Ceratosauridae

Ceratosaurus

Ceratosaurus war ein leicht gebauter Fleischfresser des Jurazeitalters. Er gehörte zu den Saurischia (Echsenbecken-Dinosaurier), zur Unterordnung der Theropoda (Fleischfresser). Seine fossilen Funde wurden von Marsh und Cope in Colorado und Wyoming gemacht, aber auch in Ostafrika.

Ceratosaurus wurde ca. 6 Meter lang. Er stand auf zwei Beinen mit einem nach vorn geneigten Körper, den ein langer steifer Schwanz im Gleichgewicht hielt. Die Vorderbeine waren kürzer als die Hinterbeine. Der Kopf wurde wie bei den Vögeln im rechten Winkel zum Hals getragen.

Der ziemlich massiv gebaute Schädel, der durch mehrere Temporalöffnungen trotzdem relativ leicht war, hatte kräftige Kiefer, die aus nicht miteinander verbundenen Knochen bestanden. Dazwischen befanden sich Dehnungszonen, die sein Maul flexibel machten. So konnte es sehr weit aufgerissen werden und große Fleischstücke mühelos verschlingen. Ansätze der Gesichtsmuskulatur verbanden die Hohlräume des Schädels und bildeten so Knochenbrücken.

Auf den Nasenbeinen saßen hinter den Nasenlöchern gratförmige Vorsprünge. Diese waren zu Lebzeiten mit Horn bedeckt. Ceratosaurus trug ein kleines Horn auf der Nase, dessen Zweck nicht bekannt ist. Vielleicht war es wichtig für Rivalenkämpfe, vielleicht zum Beeindrucken der Weibchen. Andere Forscher sind der Meinung, die Verhornungen dienten den Jungen während des Schlüpfens zum Durchstoßen der Eischale. All diese Vorwölbungen und Vorsprünge ließen Ceratosaurus ziemlich bizarr wirken.

Spitze lange Zähne, die nach innen gebogen waren und immer wieder nachwuchsen, eigneten sich ausgezeichnet zum Zerfleischen der großen Beute. Diese bestand aus Sauropoden (langhalsige Pflanzenfresser), die sich in den Sümpfen und ihrer Umgebung aufhielten, denn hier gab es im warmen und feuchten Klima eine üppige Vegetation mit Farnen und Schachtelhalmen. Ceratosaurus lebte wahrscheinlich als Einzelgänger.

Brachiosaurus-Schädel

Brachiosaurus

Einer der größten vierbeinigen Pflanzenfresser war Brachiosaurus. Er gehörte zur Ordnung der Saurischia (Echsenbecken-Dinosaurier) mit der Unterordnung Sauropodomorpha (langhalsige pflanzenfressende Dinosaurier) und hier zur Familie der Brachiosauridae, die als die größten pflanzenfressenden Langhälse gelten. Er lebte vor 153 bis 113 Millionen Jahren im Jurazeitalter. Das erste Exemplar von Brachiosaurus fand man 1900 in Colorado (USA). Bereits 1903 wurde es mit einem wissenschaftlichen Namen belegt. In den Jahren 1908 bis 1912 wurden Aufsehen erregende Funde in Tansania (Ostafrika) gemacht, wo eine Expedition mit den deutschen Forschern Henning und Janensch unterwegs war. Hier war während des späten Juras eine riesige bewaldete Flussebene gewesen, über die sich ein Delta mit zahlreichen Sandbänken erstreckte. Heute kann man dieses komplett montierte Brachiosaurus-Skelett im Paläntologischen Museum in Berlin bewundern.

Brachiosaurus erreichte die gigantische Größe von 12,5 Metern Höhe. Dabei war er 23 Meter lang und wog bis zu 80 Tonnen. Seine durchschnittliche Schulterhöhe betrug etwa 6 Meter. Allein ein Oberarmknochen war um die 2 Meter lang. Sicherlich konnte das Tier sich auf Grund seines Gewichtes nicht mehr auf die Hinterbeine erheben, dieses war bei einer Kopfhöhe von 12,5 Metern auch nicht notwendig. Wie eine Giraffe konnte Brachiosaurus die Blätter aus den Baumwipfeln rupfen. Außerdem fraß er Farne und Koniferen. Weil er keine Mahlzähne hatte, musste er die Pflanzenteile unzerkaut schlucken. Beim Zermahlen halfen deshalb Magensteine (Gastrolithen), die die Tiere von Zeit zu Zeit schluckten, um die Magenmuskulatur zu unterstützen.

Das Aussehen von Brachiosaurus war ähnlich wie bei allen Sauropoden. Er hatte einen kleinen Kopf mit einer Wölbung und eine flache Schnauze. In dieser befanden sich große spitzschaufelförmige Zähne. Oben auf dem Schädel saßen Die Nasenöffnungen, die sehr groß waren und noch höher als das übrige Schaufeldach lagen. Wegen ihrer Lage hatten Forscher zunächst vermutet, Brachiosaurus hätte überwiegend im Wasser gelebt und für die Atmung die Nasenlöcher ständig aus dem Wasser gehalten. Dieses hat sich jedoch als falsch herausgestellt, denn Brachiosaurus wäre in der Tiefe des Wassers einem so starken Körperdruck ausgesetzt gewesen, dass er nicht mehr hätte atmen können.

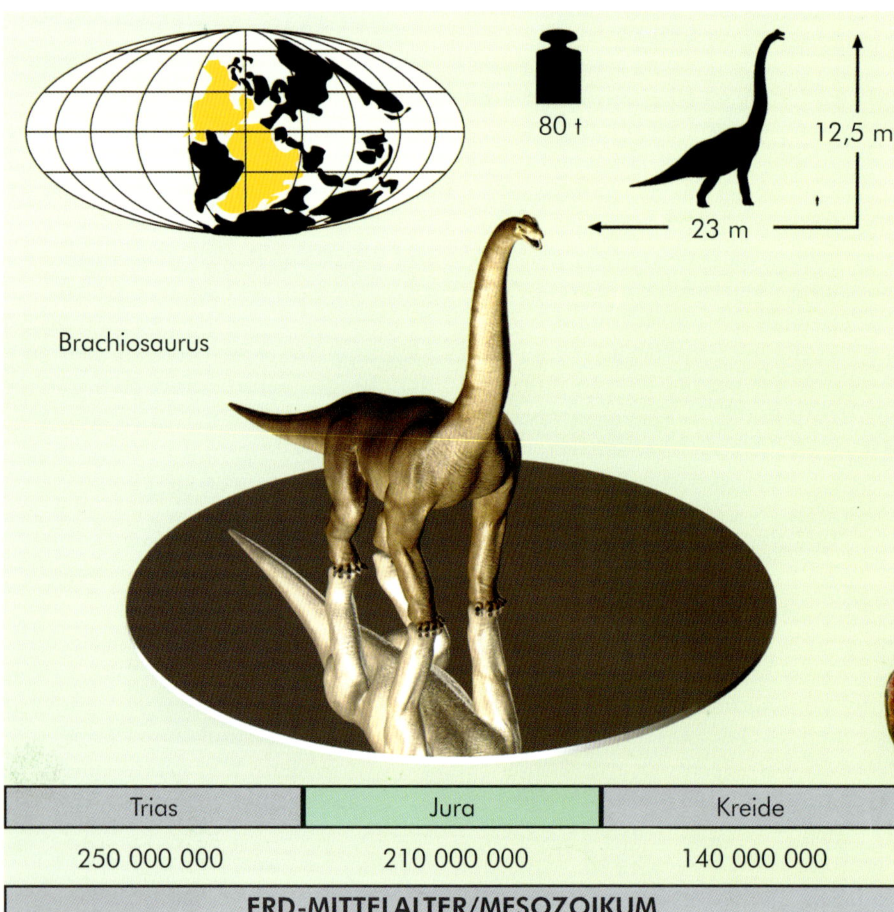

Brachiosaurus

Ordnung: Saurischia
Infraordnung: Sauropoda
Familie: Brachiosauridae

Brachiosaurus-Skelett

Mehr als die Hälfte von Brachiosaurus Körper bestand aus Hals. Die Anzahl der Halswirbel war nicht größer als bei anderen, sondern ihre Länge betrug das Dreifache der Rückenwirbel. Damit der massige Körper überhaupt gehalten werden konnte, befanden sich an den Seiten der Wirbel große Hohlräume, die am Ende des Knochens in zahlreichen knöchernen Verstrebungen endeten. Damit wurde das Skelett insgesamt leichter, erhielt aber auch durch die Verstrebungen große stützende Funktion. Auch der Beckengürtel war fest mit den Kreuzwirbeln verbunden und stützte ebenfalls.

Die Beine von Brachiosaurus waren dick und säulenartig. Die Vorderbeine waren länger als die Hinterbeine, eine Ausnahme, die bei den Sauropoda nur die Brachiosauridae vorweisen konnten. An allen Gliedmaßen befanden sich jeweils fünf gespreizte Zehen bzw. Finger. Der lange dicke Schwanz lief zum Ende hin spitz zu. Er bildete von den Schultern aus eine abschüssige Linie, wie man es heute noch bei Giraffen findet.

Plesiosaurus

Plesiosauria (Flossenechsen) gehörte zu den erfolgreichsten Meeresreptilien des Mesozoikums. Einer der frühesten Angehörigen war Plesiosaurus im frühen Jurazeitalter. Als frühester Angehöriger seiner Gruppe hatte Plesiosaurus bereits alle wichtigen Merkmale auf sich vereint.

Der bis zu 2,5 Meter lange Körper war gedrungen, der Hals im Verhält-

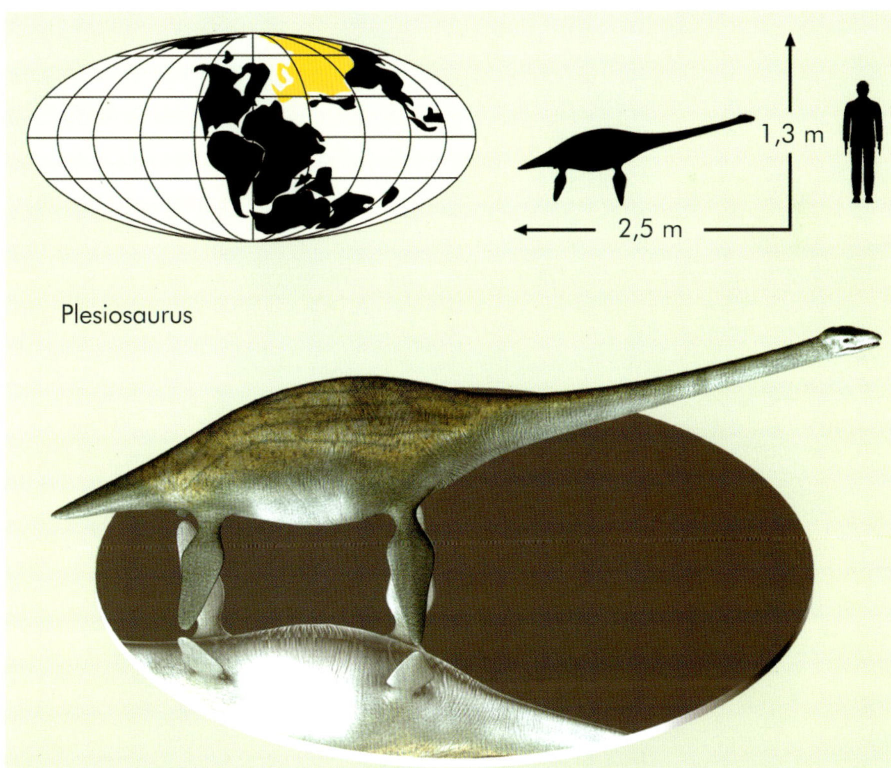

Trias	Jura	Kreide
250 000 000	210 000 000	140 000 000

ERD-MITTELALTER/MESOZOIKUM

Plesiosaurus
Meeresbewohnendes Reptil

Ordnung: Plesiosauria
Familie: Plesiosauridae

Im Wasser bei der Jagd nach Fischen war Plesiosaurus pfeilschnell. An Land konnte er sich nur mühsam voran bewegen, um dort seine Eier abzulegen.

nis zum Körper ziemlich lang, der Schwanz kurz. Seine Gliedmaßen hatten sich zu langen paddelförmigen Flossen entwickelt. Sie wurden nicht ruderartig bewegt, sondern wie bei den Vögeln auf und ab. An den Enden waren sie abgerundet wie Tragflächen. Die Zehen und Finger setzten sich jeweils aus bis zu zehn Knochen zusammen (normalerweise fünf oder weniger). Schulterblatt und Hüfte waren ziemlich platt, so dass sie große Ansatzflächen für die Muskulatur der Gliedmaßen boten.

Die Bauchrippen verbanden einerseits die Knochen des Schultergürtels und des Beckens, anderseits schützen sie die Weichteile des Körpers von der Bauchunterseite aus. Dieses war wichtig, denn die Weibchen mussten zur Eiablage das Land aufsuchen. Dabei schoben sie sich mühsam mit ihren Schwimmpaddeln vorwärts. Die Eier wurden wahrscheinlich in einer Sandgrube abgelegt.

Plesiosaurus machte Jagd auf Fische. Dabei war er zwar nicht besonders schnell, aber der lange Hals machte ihn zu einem wendigen Tier.

Apatosaurus

Ordnung: Saurischia
Infraordnung: Sauropoda
Familie: Diplodocidae

Apatosaurus (Brontosaurus)

Apatosaurus lebte vor 154 bis 145 Millionen Jahren im späten Jurazeitalter. Er gehörte zu den Saurischia (Echsenbecken-Dinosaurier), zur Zwischenordnung der Sauropoda (langhalsige Pflanzenfresser).

Weil dem ersten gefundenen Exemplar der Kopf fehlte, gab man ihm den Namen Apatosaurus, das heißt „trügerische Echse“ bzw. „kopflose Echse“. Früher war er unter dem Namen Brontosaurus = Donnerechse bekannt, da er wohl bei seinem Gewicht während des Laufens die Erde erzittern ließ.

Im Vordergrund ein Brontosaurus. Im Hintergrund: Angriff eines Laelas auf einen Brontosaurus.

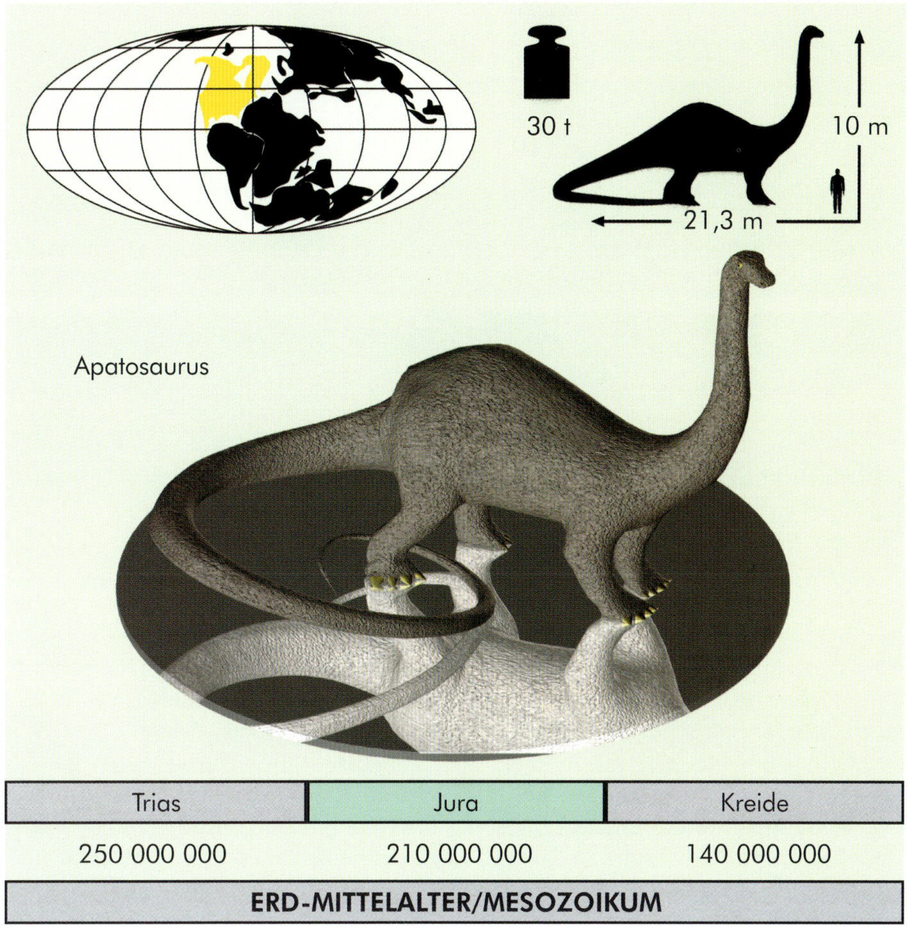

Apatosaurus war ein massiger Pflanzenfresser mit plumpem Körper, einem langen Hals, Einem kleinen Kopf und einem langem Schwanz. Er wurde bei einer Schul terhöhe von 4,5 Metern über 21,3 Meter lang. Dabei wog er um die 30 Tonnen und konnte wahrscheinlich nicht schneller als 8 Kilometer pro Stunde laufen. Allein ein Oberschenkelknochen der vier säulenförmigen Beine war 1,5 Meter lang! An jedem Fuß saßen fünf Zehen mit je einer Kralle an den Vorderbeinen und drei an den Hinterbeinen.

Das Gehirn von Apatosaurus war sehr klein. Es war sogar kleiner als ein Abschnitt des Nervenstranges in dem Stachel oberhalb der Hüften. Diese Stelle war vielleicht ähnlich wie eine Schaltstation für Meldungen aus der Schwanzpartie. Sie stellte quasi ein zweites Gehirn dar. Der Schwanz war aber gleichzeitig Stütze, wenn das Tier sich zum Fressen an einem hohen Baum aufrichten wollte. Ebenso konnte er zur Verteidigung gegen Raubsaurier eingesetzt werden, indem er ihn wie eine Peitsche schwingen konnte.

Die Bauweise der 82 Wirbel von Apatosaurus war sehr unterschiedlich. Die Halswirbel waren leicht, weil sie Hohlräume enthielten. Die sehr massiven Brustwirbel hatten lange Fortsätze für den Ansatz einer kräftigen Muskulatur. Die Schwanzwirbel waren leichter und schmaler gebaut und boten zahlreiche Ansatzpunkte für Muskeln.

Apatosaurus hatte die für Pflanzenfresser typischen großen abgeflachten Zähne, die eine leichte Struktur hatten. Bei Bedarf wuchsen diese nach. Die meist hartfaserigen Pflanzen (Farne und Baumblätter) konnten von diesem schwachen Gebiss nicht zerkaut werden. Deshalb schluckte er wie die heutigen Gänse zusätzlich Steine, die dazu dienten, die zähe Nahrung im Magen zu zerkleinern. Diese Tatsache erklärt, warum häufig Steine neben den Fußspuren von Pflanzenfressern gefunden wurden, denn diese Steine wurden nach und nach wieder ausgewürgt. Einige Forscher vermuten, dass auch unverdaute Samenkörner wieder mit ausgeschieden wurden, die dann keimten und dem Kahlfressen der Landschaft entgegenwirkten.

Apatosaurus lebte auf dem trockenen Land. Wie Spuren beweisen, bewegte er sich innerhalb einer Herde, wie man es noch heute bei einer Vielzahl von Tieren beobachtet. Die Jungtiere hielten sich zum Schutz vor Räubern in der Mitte auf, die großen und starken Tiere liefen weiter außen am Rand der Herde.

Megalosaurus

Megalosaurus war ein Saurischia (Echsenbecken-Dinosaurier), der zur Gruppe der Carnosauria (zweifüßiger Fleischfresser) gehörte. Er lebte vor 170 bis 155 Millionen Jahren im Jurazeitalter.

Erste Dinosaurierfunde wurden 1822 in England gemacht. In einem Schieferbruch von Stonesfield in Oxfordshire (Südengland) fand man neben dem Pflanzenfresser Iguanodon auch den Fleischfresser Megalosaurus. Megalosaurus bedeutet „Riesenechse".

Megalosaurus war ein Dinosaurier von 9 Metern Länge und 3 Meter Höhe. Er hatte ein Gewicht von etwa 900 Kilogramm. Sein Kopf war mit einem mächtigen Kiefer schwer gebaut. Daran schloss sich ein muskulöser Hals an mit einem stämmigen Körper, kräftigen Hinterbeinen und einem starken kurzen Schwanz. Die etwas kürzeren Vordergliedmaßen endeten mit einer fünffingrigen Hand, die mit Krallen besetzt war. Damit konnte er seine Beute greifen.

Er jagte vorzugsweise die friedliebenden Pflanzenfresser (Sauropoden) und Ornithischia (Vogelbecken-Dinosaurier). Mit seinen langen spitzen Zähnen, die an den Enden gebogen und zu den Seiten hin abgeflacht waren, konnte er seine Beute mühelos zerfleischen.

Neben Funden in Südengland wurden fossile Reste von Megalosaurus in Frankreich und Marokko gemacht.

Heterodontosaurus

Heterodontosaurus gehörte zu den Vogelbecken-Dinosauriern (Ornithischia) des Jurazeitalters. Er zählte zur Unterordnung der Ornithopoden (Vogelfüßer) und war wie alle Ornithischia ein Pflanzenfresser.

Heterodontosaurus ähnelte auf den ersten Blick der ältesten Ornithopodenfamilie, den kleinen Fabrosauridae, zu denen auch Echinodon gehörte. Durch die Art seiner Zähne war er aber schon eine Weiterentwicklung, denn sein Gebiss erinnerte schon an das der Säugetiere. Es gibt jedoch keine entwicklungsgeschichtliche Verbindung zu diesen.

Heterodontosaurus („Echse mit den unterschiedlichen Zähnen") war ein leichtfüßiger Zweibeiner, der ungefähr 85 Zentimeter lang wurde. Wahrscheinlich bewegte er sich in Eile zweibeinig, zur Futtersuche (zum Ausgraben von Wurzeln) auch vierbeinig, wie die relativ langen Vorderbeine vermuten lassen. Die Extremitäten von Heterodontosaurus hatten jeweils vier Zehen mit spitzen Krallen, die an den Händen gebogen waren. Dieses sind eher primitive Merkmale der Vogelfüßer. Eine höhere Entwicklung wird dagegen in der Ausbildung des Gebisses deutlich. Wie die Fleischfresser hatte Heterodontosaurus mehrere Zahnarten: scharfe Zähne im vorderen Oberkiefer, den Schneidezähnen ähnlich. Im Unterkiefer war an dieser Stelle nur eine Hornleiste. Weiter hinten lagen oben und unten große Eckzähne, die scharf und gebogen waren. Daran schlossen sich Reihen von Mahlzähnen mit Erhöhungen zum Zerkleinern von Pflanzen an. Mit den vorderen Zähnen im Oberkiefer konnte Heterodontosaurus Blätter abreißen, die Eckzahnfunktion ist noch nicht genau geklärt. Solche Zähne dienen eigentlich zum Herausreißen von Beutestücken bei Fleischfressern.

Megalosaurus

Ordnung: Saurischia
Unterordnung: Theropoda
Familie: Megalosauridae

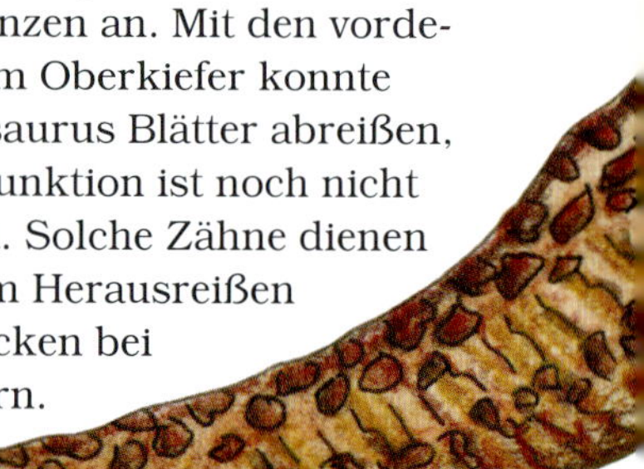

Mamenchisaurus

Ordnung: Saurischia
Unterordnung: Sauropoda
Familie: Diplodocidae

Weil man Schädel mit und ohne Eckzähne fand, ist es möglich, dass nur die Männchen Eckzähne hatten, die sie bei Revierkämpfen nutzten. Der Abschliff der Zähne zeigte, dass die Kiefer nicht nur auf und ab, sondern auch seitlich kauen konnten.

Trotz erfolgreicher Entwicklung verschwanden die Heterodontosauria aus bisher unbekannten Gründen spurlos. Sie stellten somit eine blind endende Linie der Ornithopoden dar.

Funde von Heterodontosaurus wurden erstmalig 1962 in Südafrika gemacht. Dort fand man jedoch zunächst nur den Schädel des Tieres, der etwa die Größe eines Kaninchenschädels hatte. Später entdeckte man auch ein vollständiges Skelett.

Heterodontosaurus

Ordnung: Ornithischia
Unterordnung: Ornithopoda
Familie: Heterodontosauridae

Mamenchisaurus

Mamenchisaurus gehörte zu den großen langhalsigen Pflanzenfressern (Sauropoda) der Gruppe der Saurischia (Echsenbecken-Dinosaurier). Er lebte vor 155 bis 145 Millionen Jahren im späten Jurazeitalter in der Mongolei (China).

Sein relativ schlanker Körper hatte insgesamt eine Länge von 22 Metern. Davon nahm allein der Hals schon 11 Meter ein. Er bestand aus 19 Halswirbeln, von denen einer jeweils doppelt so lang wie ein Rückenwirbel war. Von den Wirbeln aus verliefen Verstrebungen untereinander, die dem Skelett zusätzliche Stütze gaben.

Der Kopf von Mamenchisaurus war nur klein, der lange Hals nur wenig elastisch. Er bewegte sich eher wie der Ausleger eines Kranes. Der Hals wurde im Unterschied zu anderen Sauropoden bei nur 5 bis 6 Metern Schwanzlänge nicht ausgeglichen.

Durch seinen überlangen Hals war Mamenchisaurus gegenüber anderen Pflanzenfressern im Vorteil: stellte er sich auf die kräftigen Hinterbeine, war er in der Lage, auch die höchsten Triebe der Zweige abzufressen.

Camarasaurus

Diese Art von Sauropoden (langhalsige Pflanzenfresser) gehörten zur Gruppe der Saurischia (Echsenbecken-Dinosaurier). Camarasaurus lebte vor 155 bis 145 Millionen Jahren im späten Jurazeitalter.

Er wurde bis zu 18 Meter lang und etwa 18 Tonnen schwer. Sein gedrungener Schädel mit einer etwas höheren Schnauze enthielt 4 Dutzend spatelförmige Zähne, die sehr robust waren. Damit konnte er auch harte und zähe Pflanzenteile kauen. Er fand sie reichlich in der Ufervegetation in der Umgebung von Seen und feuchten tropischen Ebenen, wo er wahrscheinlich in kleinen Herden lebte. Zur besseren Verdauung schluckte Camarasaurus Steine als Verdauungshilfe. Waren die Steine im Magen abgeschliffen, wurden sie ausgewürgt und durch neue ersetzt.

Camarasaurus hatte große Augen und eine besonders große Nasenöffnung, deren Funktion noch nicht geklärt ist. Vielleicht war sie zur Kühlung des Gehirns vorgesehen. Alt- und Jungtiere lebten zusammen in Herden, mit denen sie bei Dürre auch längere Wanderungen in fruchtbare Gebiete unternahmen.

Bei Funden von Skeletten der Jungtiere (1922 in Utah) hat man festgestellt, dass bei einer Länge von 5 Metern der Kopf vergleichsweise groß und der Hals kurz war. Die Proportionen veränderten sich mit zunehmendem Alter, bis sich schließlich ein langer, muskulöser Hals entwickelt hatte, auf dem ein kleiner Kopf saß. Camarasaurus lebte überwiegend in Nordamerika.

Kentrosaurus

Kentrosaurus, was „spitze Echse“ bedeutet, war ein afrikanischer Verwandter des nordamerikanischen Stegosaurus, der aber kleiner war und dichter stehende Platten und Stacheln als dieser hatte. Er gehörte zur Ordnung der Ornithischia (Vogelbecken-Dinosaurier) in der Unterordnung der Stegosauria (Stacheldinosaurier). Sein Lebensraum war Afrika, wo er vor etwa 140 Millionen Jahren im späten Jurazeitalter lebte.

Nachdem 1907 ein deutscher Ingenieur in der Nähe des Dorfes Tendaguru auf die versteinerten Knochen eines gigantischen Di-

Kentrosaurus

Ordnung: Ornithischia
Unterordnung: Stegosauria
Familie: Stegosauridae

Camarasaurus

Ordnung: Saurischia
Infraordnung: Sauropoda
Familie: Camarasauridae

nosauriers stieß, rüstete der Direktor des Berliner Museums für Naturkunde eine Expedition für die Ausgrabungen aus. Es wurde eine der aufwändigsten Ausgrabungen aller Zeiten. Der Ort Tendaguru war nur durch einen viertägigen Marsch durch den Dschungel zugängig, etwa 70 Kilometer von der Küste entfernt.

Allein in den Jahren 1909 bis 1911 wurden über 4000 Ladungen von Knochenfunden zum entfernten Hafen transportiert. Zu den Funden zählte neben einem gut erhaltenen Brachiosaurusskelett von 23 Metern Länge auch ein Kentrosaurusskelett. Es war 4,5 Meter lang und hatte an Hals und Schultern dreieckige Platten, die wahrscheinlich aufrecht standen. Spitze Stacheln ragten aus Rücken und Schwanz.

Obwohl die Hinterbeine stärker entwickelt waren und länger als die Vorderbeine, lief Kentrosaurus auf allen Vieren. Er konnte sich anscheinend nur in buckeliger Haltung mit torkelndem Gang bewegen. Mit seinen langen, fast zahnlosen Kiefern, ernährte er sich wahrscheinlich von Pflanzen, aber auch von Termiten.

Tuojiangosaurus

Tuojiangosaurus lebte vor 157 bis 154 Millionen Jahren im späten Jura in China. Er gehörte zu den Ornithischia (Vogelbecken-Dinosaurier) zur Unterordnung der Stegosauridae. Von diesen war er der Erste, der in Asien gefunden wurde. Man entdeckte dort ein fast vollständiges Skelett.

Bei einer Länge von bis zu 7 Metern war sein Aufbau ähnlich wie der von Stegosaurus, dessen Kennzeichen Knochenplatten auf dem Rücken waren. Tuojiangosaurus hatte einen massiven Rumpf. Auf seinem Rücken standen kleine und spitze Knochenplatten, die im Hüftbereich länger und dornenähnlicher wurden. An der Schwanzspitze befanden sich zwei Paar lange Dornen, die eine gefährliche Waffe bildeten.

Mit einem kleinen und schmalen Kopf, in dessen Kiefer niedrigkronige Zähne saßen, suchte Tuojiangosaurus seine Nahrung wahrscheinlich in flachwachsenden Pflanzen wie Farnen. Er konnte sich nicht wie Stegosaurus auf die Hinterbeine erheben, weil für den Ansatz der Muskulatur wichtige Wirbelfortsätze fehlten.

Tuojiangosaurus

Ordnung: Ornithischia
Unterordnung: Stegosauria
Familie: Stegosauridae

Kreide

Der Abschnitt des Erdzeitalters nach der Jurazeit wurde benannt nach den für dieses System typischen weißen Kalksteinablagerungen. Der Begriff der „Kreidezeit" wurde erstmalig 1815 von einem deutschen Geologen namens Karl von Raumer benutzt. Man findet Kreidefelsen aus dieser Zeit noch heute an der englischen Küste (Dover).

Diese letzte Phase des Erdmittelalters lag in der Zeit von vor 144 bis 65 Millionen Jahren. Hier fand das Dinosaurier-Zeitalter seinen Höhepunkt, bevor diese Tiere völlig von der Bildfläche verschwanden, ein bis heute ungelöstes Rätsel. In dieser Zeit spaltete sich das bereits geteilte Pangaea in weitere Teile auf. Nördliche und südliche Gebiete drifteten weiter auseinander, der Atlantische Ozean weitete sich aus.

Über einen Großteil der Kontinente kam es zu Überschwemmungen mit flachen Meeren. Hiervon war besonders Nordamerika betroffen. Zunächst begannen Überschwemmungen von Süden her einzusetzen. Es entstand ein großer Golf, der einen Teil des heutigen Texas und Mexikos überdeckte.

Donnerkeile (Kalksandstein mit Belemiten)

Pflanze in der Kreide (Kiefer)

Auch aus nördlicher Richtung nahmen die Wassermassen zu, so dass schließlich nur noch eine Landbrücke die beiden großen Teile, die nicht unter Wasser lagen, verband. Diese Landbrücke verschwand schließlich auch und ließ die beiden Meere eins werden. Nordamerika war in zwei Teile getrennt. In dieser Zeit lebten in dem riesigen Meer eine Unmenge von Meeresreptilien. Dieses belegen zahlreiche Fossilien. Als sich die Wassermassen schließlich zurückzogen, entstanden zahlreiche Seen und Sümpfe, die für die letzten Dinosaurier geeigneten Lebensraum boten. Nachdem Rückgang des Wassers kam es an Land zu größeren Veränderungen.

In den darauf folgenden Zeiten wurden die beiden großen Gebirgsketten Amerikas aufgefaltet, die Rocky Mountains und die Andenkordilleren. In Europa, das in eine

Kreide (vor 144 bis 65 Millionen Jahren)

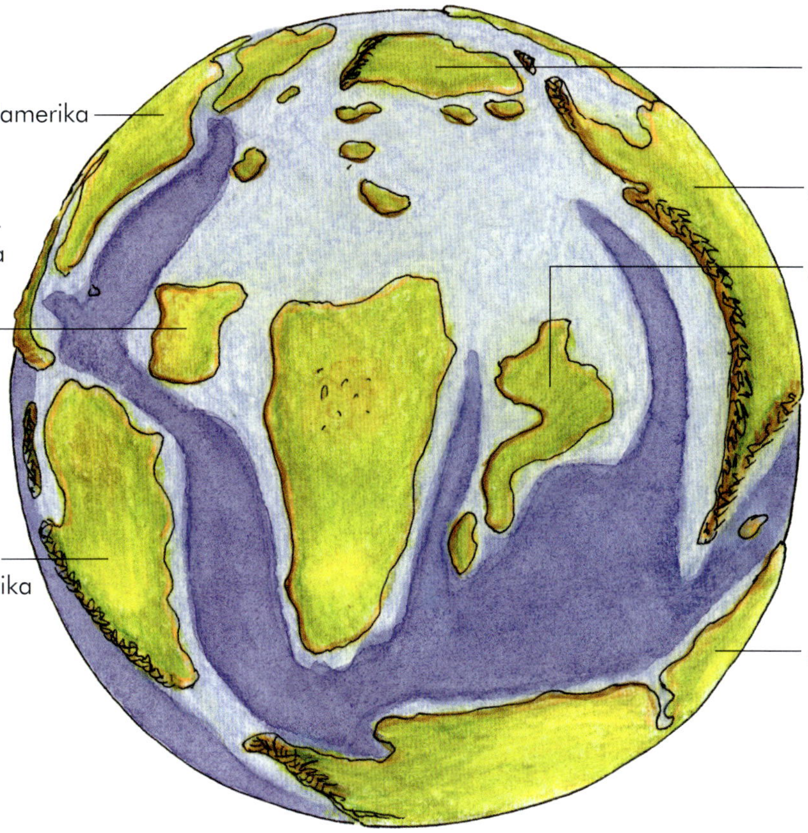

Nord- und eine Südhälfte gespalten wurde, kam es zu ähnlichen Vorgängen. Auch hier muss man sich Gebirge wie die heutigen Alpen vorstellen.

Mit den tektonischen Veränderungen und Änderungen der Meeresverhältnisse kam es auch zu klimatischen Umstrukturierungen. War noch im Jurazeitalter das globale Klima ausgeglichen, erfolgte in der Kreidezeit eine allgemeine Abkühlung. Es entwickelten sich jetzt verschiedene Klimazonen. Damit änderte sich auch die Pflanzenwelt in den betroffenen Gebieten. Nachdem der Meeresspiegel allmählich gesunken war, wurde es zunehmend trockener. Die einstmals üppigen Wälder wandelten sich in Savannen mit Schachtelhalmen und Farnen. In höher gelegenen Regionen fand man Koniferen und Gingkobäume.

Später besiedelten die ersten Sträucher und schnellwüchsige Blütenpflanzen die kahlen Lichtungen, die einst Waldgebiet gewesen waren und riesigen Pflanzenfressern den richtigen Lebensraum geboten hatten. Es entstanden allmählich kleinwüchsige Laubbäume, aber auch Nadelmischwälder. Diese entfalteten sich in der Tertiärzeit noch reicher.

Aus pflanzlichen Fossilfunden, die man in bestimmten Sedimentschichten machte, sind Wissenschaftler mittlerweile in der Lage zu bestimmen, welches Klima in den verschiedenen Epochen des Erdzeitalters in den jeweiligen Gebieten geherrscht hat.

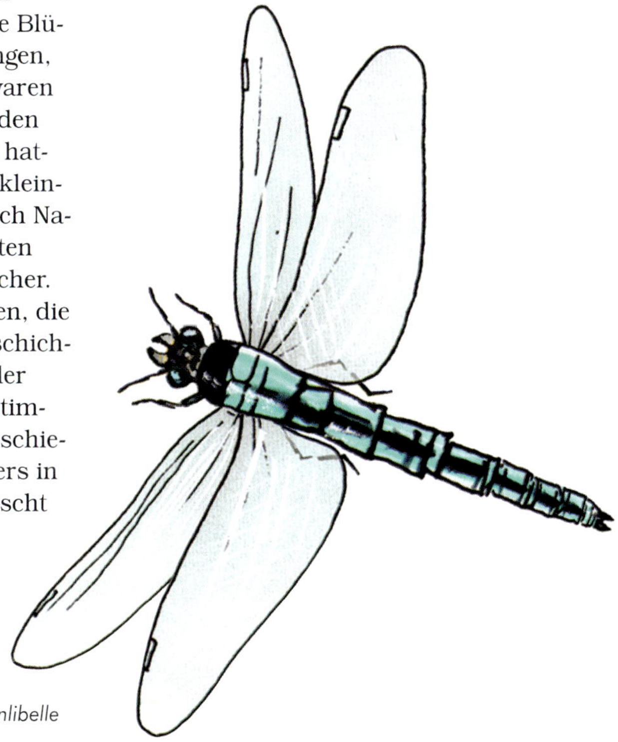

Riesenlibelle

Styracosaurus

Ordnung: Ornithischia
Unterordnung: Ceratopia
Familie: Ceratopidae

Styracosaurus

Die Horndinosaurier (Ceratopia), zu denen der Styracosaurus zählte, gehörten mit zu den letzten Arten, die sich in der späten Kreidezeit entwickelten. Sie lebten nur etwa 20 Millionen Jahre lang, bevor sie ausstarben. In dieser Zeit breiteten sie sich über weite Teile Asiens und Nordamerika aus.

Der gut gepanzerte Styracosaurus (griech. styrax = Lanze), der vor allem in Nordamerika zu Hause war, erreichte eine Länge von ca. 5,2 Metern. Er bewegte sich auf vier Füßen und erreichte Höchstlaufgeschwindigkeiten zwischen 20 und 25 Kilometern pro Stunde.

Auffällig war der Styracosaurus durch ein langes gerades Nasenhorn, das nach vorn gerichtet war. Zwei kleinere Erhebungen befanden sich direkt zwischen den Augen. Ein kragenförmiger Nackenschild, der große Knochenlücken hatte, die nur von Muskeln und Haut überzogen waren, umgab den Kopf mit langen, strahlenartig nach hinten gerichteten Stacheln.

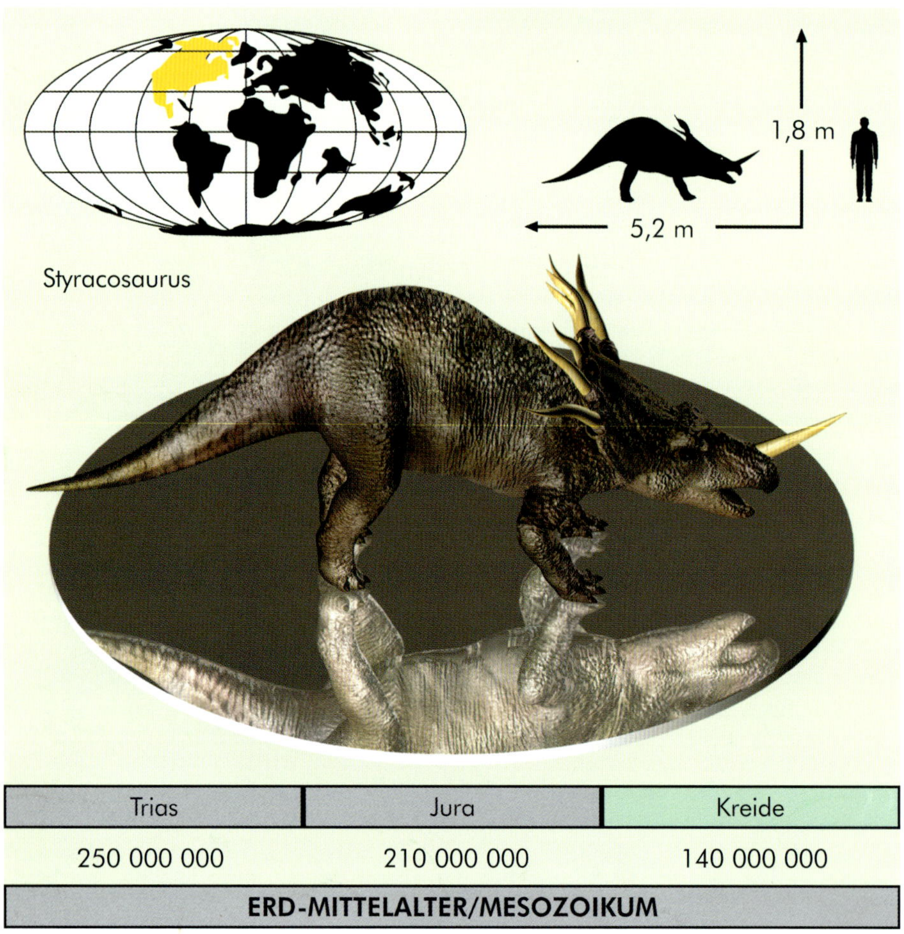

Allein das Nasenhorn konnte im Kampf zur sofortigen Tötung des Gegners führen. Vermutlich äußerten sich die Auseinandersetzungen, die auch innerhalb der Herden stattfanden, wenn es um die Führungsposition ging, mehr durch Imponiergehabe.

Wäre es zu ernsthaften Kämpfen gekommen, hätten die Stacheln des Nackenschildes einem Aufeinanderprallen nicht lange standhalten können. Vielmehr

stellte das Aufstellen des Schildes eine optische Warnung dar, dies galt sicher auch in Brunftzeiten, wenn man sich um die Gunst der Weibchen bemühte.

Mit seinem Hornschnabel, der aus zwei scharfkantig gekrümmten Hälften bestand, konnte Styracosaurus selbst hartnäckigste Pflanzenteile abschneiden und zerkleinern. Diese fand er in höher gelegenen Waldgebieten, wo er mit riesigen Herden lebte.

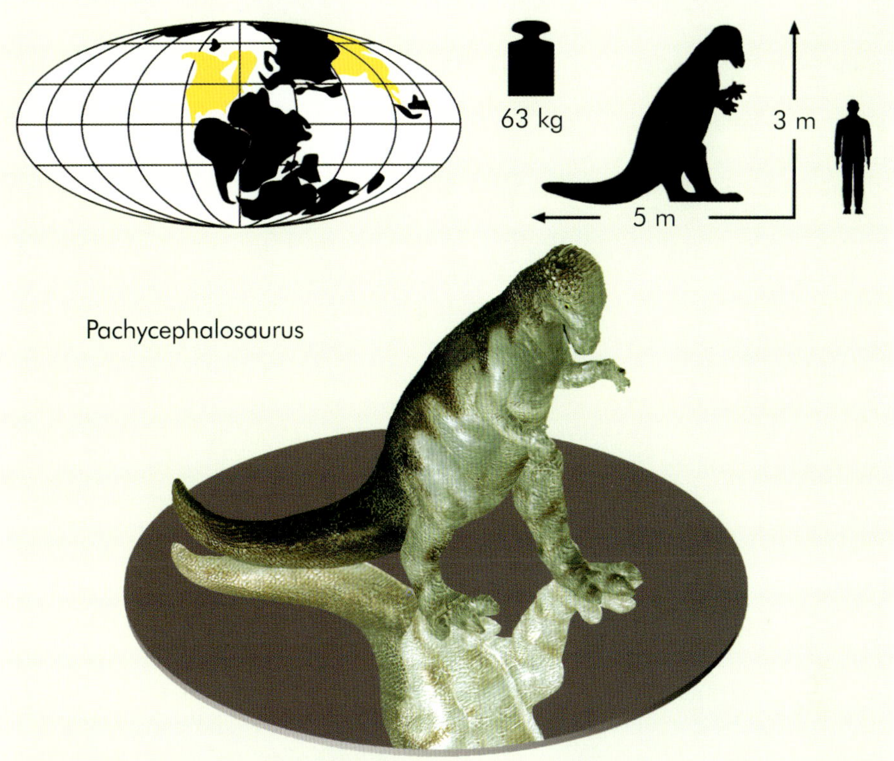

Trias	Jura	Kreide
250 000 000	210 000 000	140 000 000
ERD-MITTELALTER/MESOZOIKUM		

Pachycephalosaurus

Die „Dickköpfe" unter den Dinosauriern waren die Pachycephalosaurier. Sie gehörten zur Gruppe der Ornithischia (Vogelbecken-Dinosaurier) mit der Unterordnung Ornithopoda, zu der auch die Iguanodons und die Hadrosaurier wie der Edmontosaurus zählten. Pachycephalosaurus galt als der Riese in seiner Familie. Wie alle Vogelbecken-Saurier ernährte sich auch dieses Tier ausschließlich von Pflanzen.

Er ging auf zwei Beinen und erreichte Geschwindigkeiten zwischen 25 und 35 Kilometern pro Stunde. Die Länge des gesamten Körpers betrug knapp 5 Meter, die des gesamten Schädels etwa 60 Zentimeter. Mit seinem kuppelförmigen Schädeldach, das ca. 25 Zentimeter dick war, bot der Pachycephalosaurus ein außergewöhnliches Bild. Rings um die Kopfrückseite fanden sich wie eine Halskrause zahlreiche knöcherne Stacheln, ebenso vorn auf der Schnauze.

Pachycephalosaurus

Ordnung: Ornithischia
Unterordnung: Ornithopoda
Familie: Pachycephalosauridae

Nach ersten fossilen Funden dachte man, die Tiere seien an einer tückischen Erkrankung zugrunde gegangen, die diese Schädelform verursacht hätte. Vermutlich spielte der Schädel jedoch im Kampf eine sehr wichtige Rolle.

Dazu kam es, wenn rivalisierende Männchen im Streit um das Revier und die weiblichen Tiere aneinander gerieten. Nachdem sie sich zunächst in einigem Abstand zu voller Größe aufgebaut hatten, um möglichst bedrohlich auf den anderen zu wirken, rannten sie schließlich mit geneigtem Kopf und aufgestelltem Schwanz aufeinander zu. Dabei stießen sie wohl mit den starken Schädeln aufeinander, wahrscheinlich aber ohne größere Verletzungen zu erleiden. Nach Ermüden des einen Männchens wurden Revier und Herde schließlich dem mit der größeren Ausdauer überlassen. Die Schädel der Weibchen waren nicht ganz so stark ausgeprägt.

Pachycephalosaurus wurde hauptsächlich in Nordamerika und in Asien gefunden, was in diesem Zeitraum zu Laurasien gehörte. Dort lebte er in den Hochländern ähnlich wie die heutigen Ziegen- oder Schafherden. Ähnliche Exemplare hat man, allerdings in kleinerer Form, in der späten Kreidezeit in einigen Teilen von Gondwana gefunden.

Schädel des Triceratops

Triceratops

Triceratops gehörte zur Gruppe der Vogelbecken-Saurier (Ornithischia). Er war einer der letzten der Ceratopia (Horndinosaurier) und lebte vor 76 bis 65 Millionen Jahren in der späten Kreide. Sein Name stammt aus dem Griechischen: Kéras = Horn; Óps = Gesicht, also Dreihorngesicht. Er wurde dem Saurier bereits 1889 von dem amerikanischen Forscher O. C. Marsh gegeben.

Als der schwerste seiner Familie wurde Triceratops bis zu 9 Meter lang und 3 Meter hoch. Dabei kam er auf ein Gewicht von bis zu 8,5 Tonnen. Sein gewaltiger Körper wurde von massigen, kräftigen Beinen getragen. Der Schwanz war kurz und schwer, die Haut lederartig. Ein über 2 Meter langer Schädel trug ein kurzes, dickes Nasenhorn. Seitlich davon befanden sich zwei bis zu 1 Meter lange, nach vorn gerichtete Stirnhörner. Der große Nackenschild bestand aus Knochen, die mit Haut überzogen waren und Knochenhöcker als äußeren Abschluss hatten. Er ließ Triceratops sehr bedrohlich wirken. Senkte er seinen Kopf zum Angriff, war er auch eine ernst zu nehmende Gefahr für Raubsaurier.

Als Herdentier durchwanderte Triceratops die westlichen Teile Nordamerikas. Dort ernährte er sich von Magnolien, Eichen und Lorbeer, die er mit seinem papageienähnlichen zahnbesetzten Kiefer abschnitt. War der Schnabel stark abgenutzt, wuchs er nach. Weil sein Nahrungsbedarf sehr hoch war, musste Triceratops in Dürrezeiten sehr weit umherziehen.

Inzwischen sind mehr als 15 verschiedene Triceratops-Arten gefunden worden. Sie unterscheiden sich überwiegend durch den Bau des Schädels. Einige von ihnen stellen vermutlich nur eine bestimmte Wachstumsphase dar oder sind geschlechtsabhängig. Daher wird die reale Artenzahl geringer sein.

Triceratops (Funde in Nordamerika)

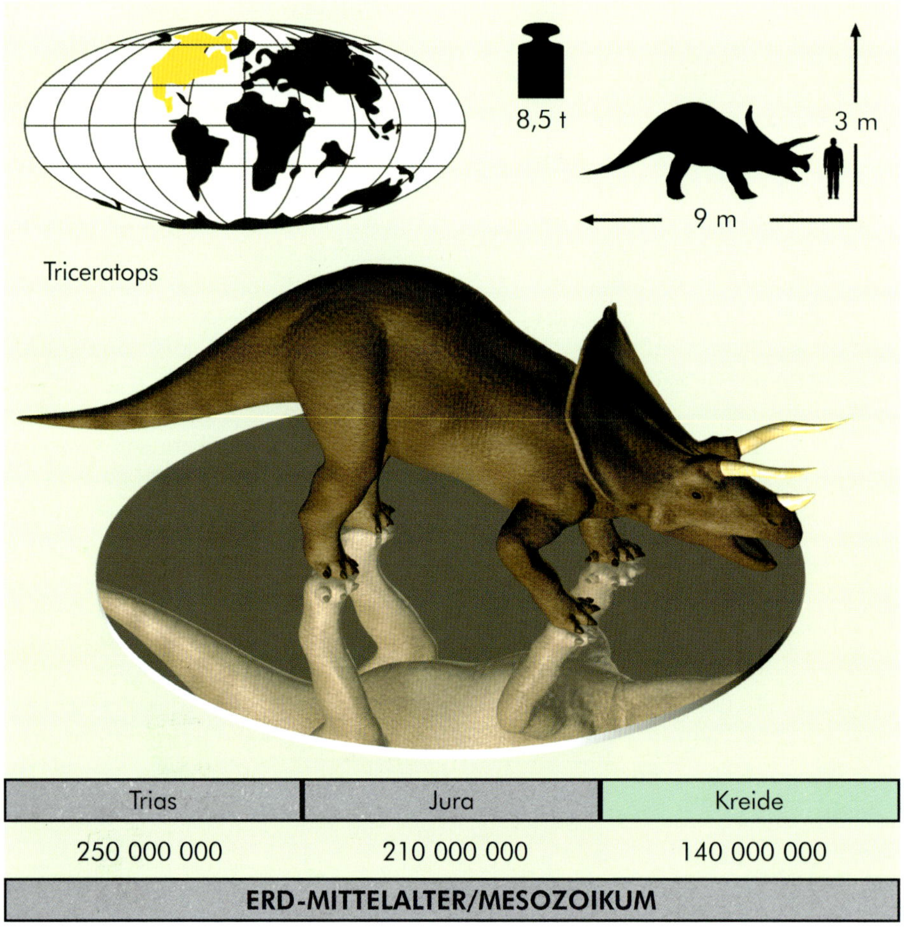

Triceratops

Ordnung: Ornithischia
Unterordnung: Ceratopia
Familie: Ceratopidae

Hypsilophodon

Hypsilophodon (Zahn mit Erhöhungen) lebte vor 120 Millionen Jahren in der frühen Kreidezeit. Er gehörte zur Ordnung der Ornithischia (Vogelbecken-Dinosaurier) mit der Unterordnung der Ornithopoda (Vogelfüßer). Er war ein häufig vorkommendes Tier, das Ähnlichkeit mit dem heutigen Baumkänguru hatte, lebte aber wohl auf dem Boden.

Der schnelle zweibeinige Pflanzenfresser war mit 2,3 Meter Länge und 50 Kilogramm Gewicht klein und wendig. Seine Bauweise war leicht, sein Skelett bestand aus dünnwandigen und hohlen Knochen wie bei Gazellen. Die kurzen Oberschenkelknochen hatten eine kräftige Muskulatur, so dass sie rasch vor- und zurückbewegt werden konnten. Lange, dünne Füße endeten in dünnen Zehen mit scharfen kurzen Krallen. Die Füße gaben einen guten Stand, ermöglichten aber auch schnellen Lauf. Wahrscheinlich schützte sich das ansonsten wehrlose Tier vor seinen Feinden durch Weglaufen. Sein langer Schwanz half ihm, die Balance zu halten. Hypsilophodon konnte wahrscheinlich wie ein Hase Haken schlagen, also sehr schnell seine Richtung ändern. Auf seinem Rücken verliefen vermutlich zwei Reihen von Knochenhöckern. Er lebte mit anderen in einer Gruppe.

Auf der Isle of Wight fand man rund 20 gut erhaltene Skelette beieinander. Das Rudel ist wohl in Treibsand geraten und darin umgekommen.

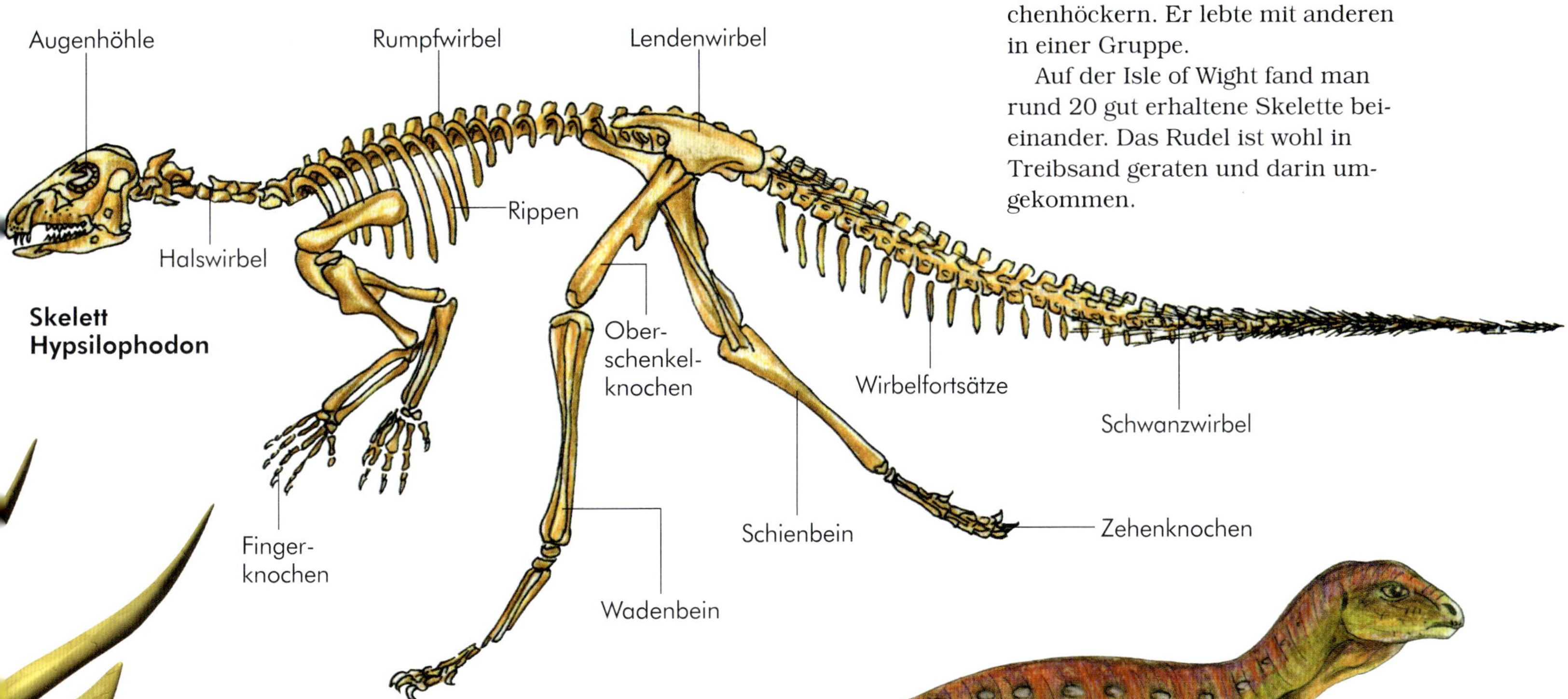

Skelett Hypsilophodon

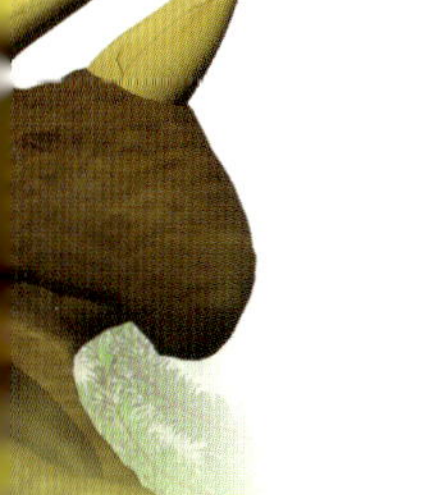

Hypsilophodon

Ordnung:
Ornithischia
Unterordnung:
Ornithopoda
Familie:
Hypsilophodontidae

Deinonychus

Als man 1964 die fossilen Reste des Deinonychus in Montana (Nordamerika) entdeckte, war man überrascht. Bis dahin hatte man geglaubt, dass es sich bei dieser Art, die der Ordnung Saurischia (Echsenbecken-Dinosaurier) angehört, um schwerfällige Aasfresser handelte, die in ihrer Trägheit nicht in der Lage waren, ihre Beute selbst zu fangen.

Man fand heraus, dass es sich um ein leicht gebautes Tier von ca. 3,4 Meter Länge handelte, das ähnlich schnell wie ein Strauß laufen konnte (bis 40 Kilometer pro Stunde). Bei einer Körperhöhe von ca. 1,8 Meter wog Deinonychus um die 70 Kilogramm. Seine Zähne waren mit scharfen Einkerbungen versehen und nach hinten gebogen, so dass große Fleischstücke aus der Beute herausgerissen werden konnten.

Die schlanken Beine hatten lange Unterschenkel, die Hinterfüße vier Zehen, wovon die erste stark verkümmert war. Das Gewicht des Körpers lastete auf der dritten und vierten Zehe. An der zweiten Zehe befand sich eine gewaltige, sichelförmige Klaue, die über 10 Zentimeter lang war. Diese Tatsache brachte Deinonychus auch seinen Namen ein, der übersetzt „Schrecken erregende Kralle" (deinos = schrecklich; onychos = Kralle) bedeutet.

Mit der Kralle, die im schnellen Lauf eingezogen werden konnte, bis sie keinen Bodenkontakt mehr hatte, wurde wahrscheinlich auf das jeweilige Beutetier eingeschlagen. Die Kralle des anderen Fußes diente zusammen mit dem langen Schwanz, der durch Knochenstäbchen verstärkt war, als Stütze. Die vorderen Gliedmaßen mit drei Greiffingern hatten ebenfalls lange, gekrümmte Krallen, die dicht an den Körper angelegt waren, ähnlich wie Flügel bei Vögeln.

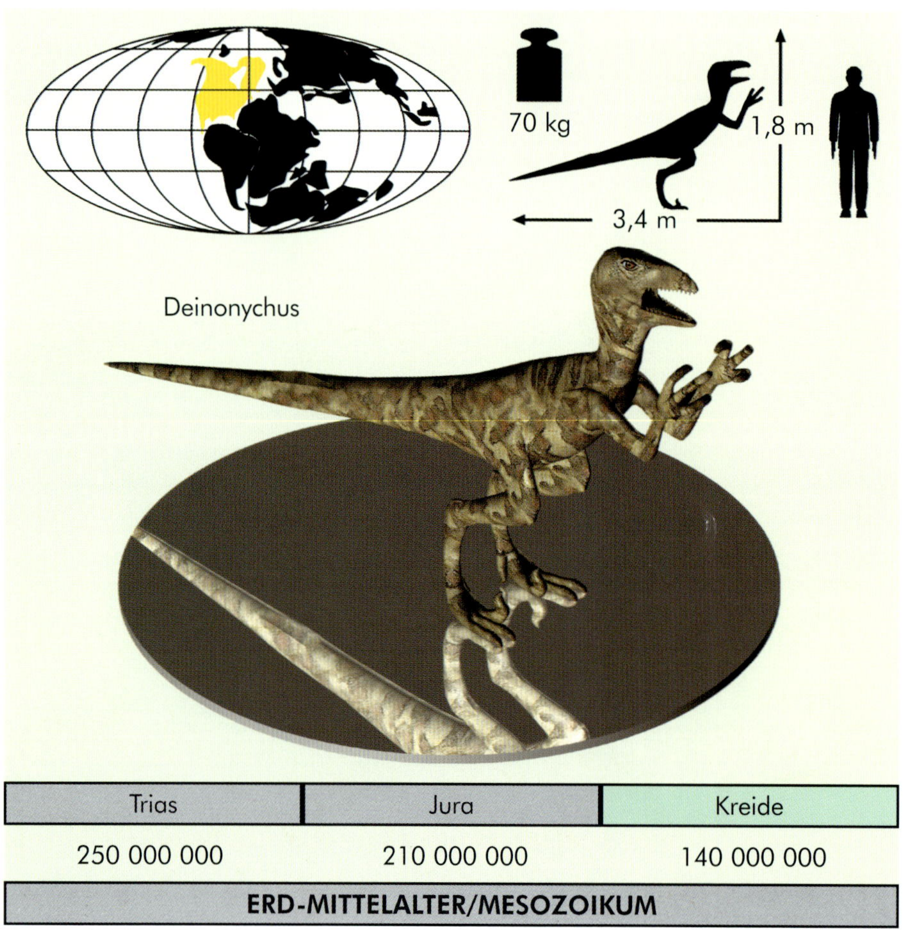

Deinonychus

Ordnung: Saurischia
Unterordnung: Theropoda
Familie: Dromaeosauridae

Neben dem Fund von insgesamt fünf Deinonychus-Skeletten fand man auch die Knochen eines über 7 Meter langen Pflanzenfressers namens Tenontosaurus. Unklar ist, ob die Deinonychus-Gruppe dieses wesentlich größere Tier eingekreist und überwältigt hat, indem mehrere von ihnen hinaufsprangen und es mit den kräftigen Krallen verletzten. Vielleicht tötete der Tenontosaurus einige der ja nur mittelgroßen Fleischfresser, erlag aber doch seinen Verletzungen. Ansonsten ernährte sich Deinonychus, wenn er allein unterwegs war, auch von Echsen.

Schnell wie ein Strauß konnten ganze Deinonychus-Rudel sich bei der Nahrungssuche in den Bergen Nordamerikas auf andere Dinosaurier stürzen und sie mit ihren scharfen Krallen verletzen oder töten.

Tyrannosaurus

Tyrannosaurus rex gehörte zur Ordnung der Echsenbecken-Saurier. Er lebte vor 67 bis 65 Millionen Jahren in der späten Kreidezeit. Sein Name stammt vom Griechischen „Tyrannos" und bedeutet „Herrscher".

Dieser Dinosaurier, der wohl zu den bekanntesten gehört, wurde bis zu 15 Meter lang und 6 Meter hoch. Dabei erreichte er ein Gewicht von über 7 Tonnen. Der Rumpf von Tyrannosaurus war gedrungen, das Becken gestreckt und schmal. So bot sich eine große Ansatzfläche für die Muskulatur der langen, kräftigen Beine.

Zur Bewegung des Körpers war eine große und kräftige Muskulatur erforderlich, die die Beugung und Streckung in den Gelenken ermöglichte. Die weiche Muskelmasse wurde während der Fossilisation natürlich zerstört. Trotzdem sind an Knochen die Muskelansatzstellen zu ermitteln und daraus kann man eine gewisse Muskelanordnung im Vergleich zu heute lebenden Tieren feststellen.

Tyrannosaurus lief auf zwei säulenförmigen Hinterbeinen mit drei Zehen. Die vierte Zehe reichte nicht ganz bis auf den Boden. Durch verwachsene Fußwurzelknochen wurde dem Körper eine zusätzliche Stütze verliehen. Er soll eine Laufgeschwindigkeit von bis zu 25 Kilometern pro Stunde erreicht haben. Die vorderen Gliedmaßen waren kurz. Sie hatten zwei Zehen und waren so verkümmert, dass sie nicht einmal bis zum Maul reichten. Vielleicht halfen sie dem Tier beim Aufstehen und Aufrichten, das nur möglich war, wenn Tyrannosaurus den Kopf weit in den Nacken legte.

Nach ersten Rekonstruktionen wurde der Schwanz so dargestellt, dass er auf dem Boden nachgezogen wurde. Der Oberkörper war dabei steil aufgerichtet. Heute ist man der Meinung, dass sich der Oberkörper fast in einer Waagerechten befand und der Schwanz als Gegengewicht

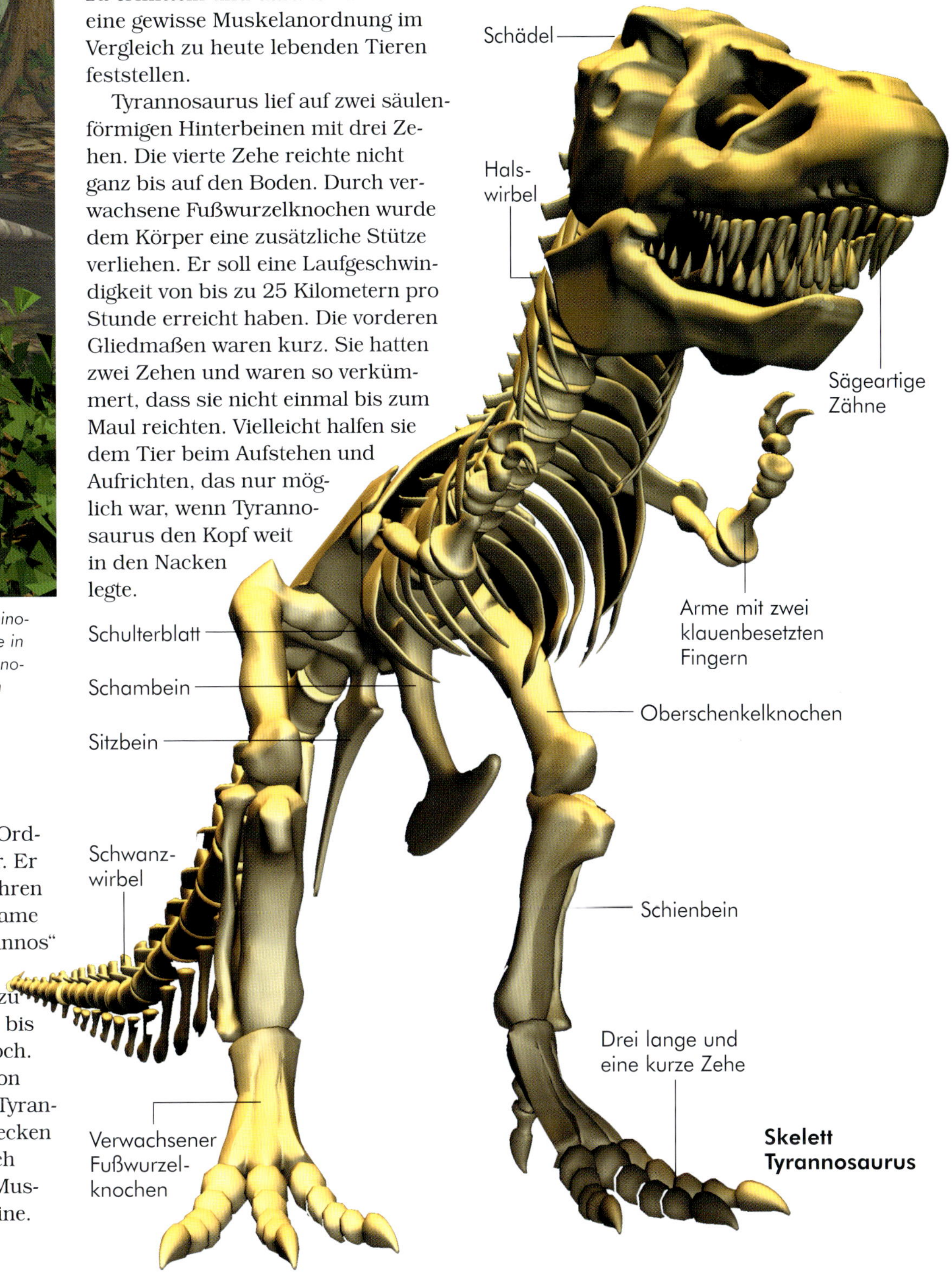

Skelett Tyrannosaurus

Tyrannosaurus

Ordnung: Saurischia
Unterordnung: Theropoda
Familie: Tyrannosauridae

in der Luft gehalten wurde. Dieses wurde ermöglicht durch lange Fortsätze an den Schwanzwirbeln. Daran setzten starke Muskeln an, die den Schwanz anheben konnten. Die Spitze des Schwanzes konnte wahrscheinlich in alle Richtungen bewegt werden.

Kein anderer Dinosaurier hatte einen so kräftigen und großen Schädel wie Tyrannosaurus. Ein Knochenkamm oben auf dem Schädel bot Ansatzfläche für eine kräftige Kiefermuskulatur. In dem bis zu 3 Meter langen Schädel saß ein großes, etwas vorspringendes Maul mit zahlreichen Zähnen bis zu 20 Zentimeter Länge. Sie waren dolchartig und nahmen von vorn nach hinten an Größe zu. Bei Abnutzung wuchsen sie nach.

Die Ansichten zur Ernährungsweise von Tyrannosaurus gehen sehr auseinander. War er wirklich eine Tötungsmaschine oder nur ein Aasfresser? Heute ist man überwiegend der Meinung, dass Tyrannosaurus sich von den großen Pflanzenfressern ernährte. Sogar große Dinosaurier wie Triceratops waren nicht sicher vor ihm. Wahrscheinlich hatte Tyrannosaurus gut ausgeprägte Sinnesorgane, die es ihm leicht machten, seine Beute aufzuspüren.

Trias	Jura	Kreide
250 000 000	210 000 000	140 000 000

ERD-MITTELALTER/MESOZOIKUM

Man vermutet sogar, dass seine Augen nicht seitlich, sondern schräg nach vorn gerichtet waren, so dass er ein räumliches Sehen hatte und damit ein großes Gesichtsfeld zum Erkennen der Beute. Hatte er diese geschnappt, hielt er sie mit seinen Krallen am Boden. Nun konnte er mit seinen leicht nach hinten gebogenen Zähnen und ihren scharfen Schneidekanten Fleischstücke heraustrennen. Kleinere Dinosaurier verschluckte er in einem Stück. Um leicht an Beute heranzukommen, verfolgte Tyrannosaurus vielleicht die Herden der Dinosaurier und tötete dann die kranken und schwachen Tiere.

Riss Tyrannosaurus sein gewaltiges Maul unter lautem Gebrüll auf, schreckte dieses sicher auch Artgenossen ab, die ihm vielleicht die Beute streitig machen wollten. Tyrannosaurus benötigte in der Woche ungefähr soviel Nahrung wie sein Eigengewicht betrug. Daher konnten auch nur wenige Artgenossen in der gleichen Umgebung überleben; die Nahrung hätte nicht gereicht. Die geschätzte Lebenserwartung von Tyrannosaurus betrug etwa 100 Jahre. Er starb am Ende der Kreidezeit gemeinsam mit allen anderen Dinosauriern aus.

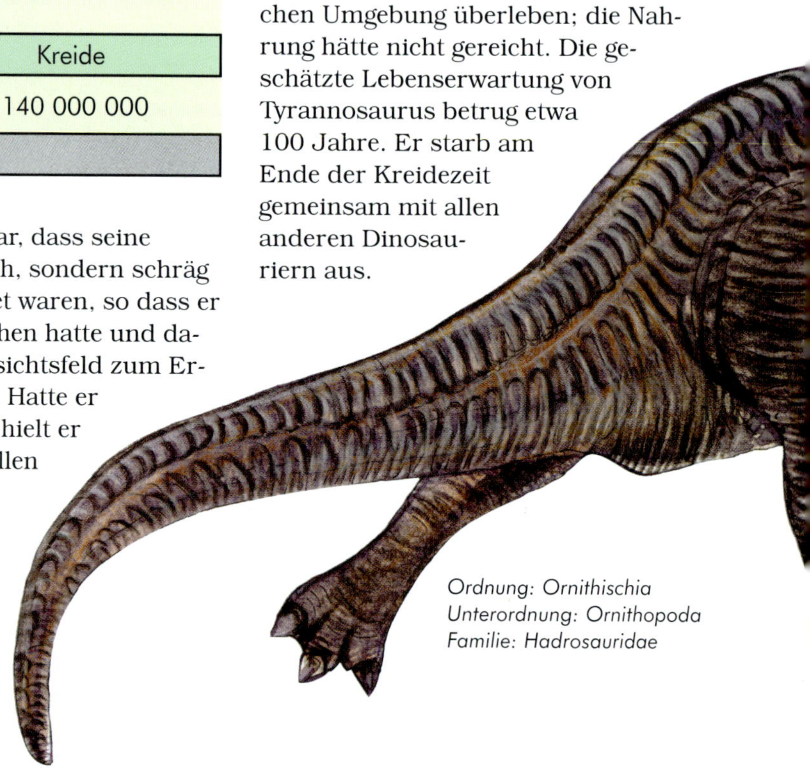

Ordnung: Ornithischia
Unterordnung: Ornithopoda
Familie: Hadrosauridae

Edmontosaurus

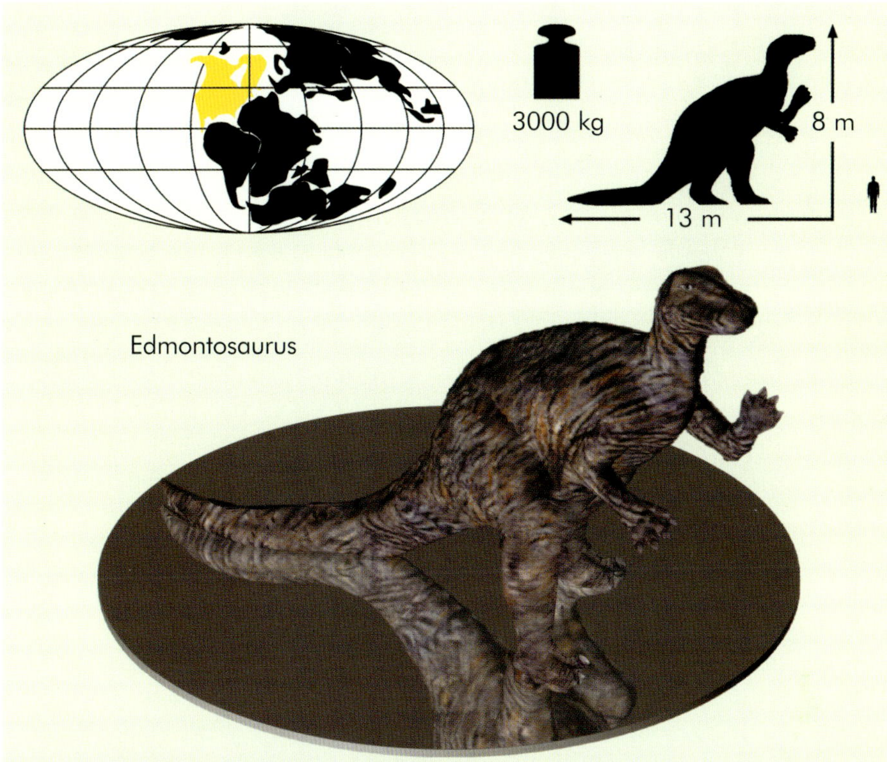

Trias	Jura	Kreide
250 000 000	210 000 000	140 000 000

ERD-MITTELALTER/MESOZOIKUM

Edmontosaurus lebte vor ungefähr 76 bis 65 Millionen Jahren in der späten Kreide. Er gehörte zur Ordnung der Ornithischia (Vogelbecken-Dinosaurier) in der Unterordnung der Ornithopoda (Pflanzenfresser). Edmontosaurus war der größte der Entenschnabel-Dinosaurier (Hadrosaurier), aber wahrscheinlich langsam und wehrlos.

Der auf zwei Beinen laufende Pflanzenfresser wurde bis zu 13 Meter lang und wog ca. 3 Tonnen. Trotz dieser Ausmaße erreichte er Laufgeschwindigkeiten von 14 bis 20 Kilometern pro Stunde. Edmontosaurus lebte an Land und hielt sich nur im Wasser auf, wenn er von einem Räuber gejagt wurde. Ansonsten zog er in Herden durch eine fruchtbare Landschaft.

Wie die versteinerten Mageninhalte einiger Entenschnabel-Dinosaurier zeigen, ernährte Edmontosaurus sich überwiegend von zähen, holzigen Pflanzenteilen wie Rinden, Pinienzapfen und Zweigen. Diese konnte er mit seinem breiten, flachen Schnabel, der mit Horn bedeckt war, abreißen und abschneiden. Mit seiner kräftigen Zunge schob er sie in den hinteren Teil der Maulhöhle. Dort befanden

Edmontosaurus

sich Tausend Zähne und bildeten ein effektives Mahlwerk. Bei Abnutzung erneuerten sie sich. Zusätzlich hatte er Backentaschen, die dafür sorgten, dass beim Kauen nicht die Hälfte aus dem Maul fiel. Andere Reptilien haben diesen Vorteil nicht. Schaut man beispielsweise einer Schildkröte beim Grasfressen zu, sieht man, dass rechts und links die Hälfte wieder aus dem Maul herausfällt. Zudem nutzte sich der äußere Zahnschmelz von Edmontosaurus weniger stark ab als der innere Kern; so konnten mit der äußeren Fläche der Zähne die Pflanzen geschnitten werden, mit der inneren zermahlen.

Bei manchen Fossilien von Edmontosaurus ist Schlamm in den Schädel eingedrungen und dort versteinert. So erhielt man einen Abdruck des Gehirns. Es zeigte sich, dass besonders die Abschnitte, die für das Sehen, Hören und Riechen zuständig sind, gut entwickelt waren. Auf Grund der Größe der Augenhöhlen vermutet man, dass die Augen von Edmontosaurus 10 Zentimeter Durchmesser hatten. Eine große Öffnung für den Sehnerv (führt von den Augen zum Gehirn) weist auf ein gutes Sehvermögen hin.

In den Knochen vor den Augen hatte Edmontosaurus Vertiefungen. Hier könnten sich Salzdrüsen befunden haben, wie man sie bei heutigen Reptilien und Vögeln findet. Sie scheiden überschüssiges Salz, das der Körper mit den oftmals salzhaltigen Pflanzen aufnimmt, über die Tränenflüssigkeit wieder aus.

Auf der Nase des langen Kopfes befand sich eine lose Hautfalte. Diese konnte Edmontosaurus vermutlich wie einen Ballon aufblasen. Vielleicht diente sie, womöglich noch farbig, zur Verständigung mit anderen seiner Art, indem bellende Geräusche über die Hautlappen verstärkt wurden. Vielleicht konnte er auch mit einem durchdringenden Schrei die Weibchen anlocken. Sie lebten und nisteten in großen Gruppen. Dort betreuten sie auch ihre Jungen, bis diese groß genug waren, um für sich selbst zu sorgen.

Corythosaurus

Corythosaurus

Ordnung: Ornithischia
Unterordnung: Ornithopoda
Familie: Hadrosauridae

Corythosaurus gehörte zu den Entenschnabel-Dinosauriern, die der Ordnung der Ornithischia (Familie der Hadrosauridae) angehörten. Wie alle Entenschnabel-Saurier lief auch Corythosaurus in Gefahrsituationen auf zwei langen Hinterbeinen. Das Gleichgewicht konnte er durch den langen Schwanz halten; in Ruhe bewegte er sich jedoch auf allen Vieren. An seinen Füßen befanden sich hufartige Nägel.

Bei einer Körperlänge von 9 Meter betrug sein Gewicht 4,5 Tonnen. Besonders auffällig war die Schädel form des Corythosaurus. Zwischen den Augen aus den vergrößerten Ausläufern des Nasenbeines befand sich ein halbkreisförmiger knöcherner Hohlkamm, der in seinem Inneren Atemgänge enthielt, die eine Verbindung von der Kammspitze bis zur Schnauze hatten.

Da die Tiere sich hauptsächlich am und im Wasser aufhielten, entstand die Theorie, diese Kämme seien Luftkammern gewesen, die als Atemreserve beim Schwimmen und Fressen unter Wasser gedient hätten. Dieses erwies sich als nicht ganz richtig, denn die Tiere lebten wohl hauptsächlich in Kiefer- oder Magnolienwäldern, wo sie neben Plankton aus dem Wasser auch ihre Hauptnahrung fanden. Vielmehr glaubt man heute, dass die Hohlräume im Knochenkamm für die Lauterzeugung wichtig waren.

Mit Geräuschen, die nebelhornartig geklungen haben sollen, konnte eine Verständigung über große Entfernungen stattfinden, vielleicht sogar nicht nur zwischen den eigenen Tieren der Herde, sondern auch von Herde zu Herde.

Gleichzeitig konnte man mit diesen Geräuschen warnen, aber auch Rivalen erschrecken bzw. Feinde wie große Fleischfresser einschüchtern.

Corythosaurus soll empfindliche Riechorgane gehabt haben, die den Feind rechtzeitig witterten. Auch die Sehfähigkeit war besonders ausgeprägt. Mit Augen, die einen Durchmesser von 10 Zentimeter hatten, war ihr Sehwinkel besonders groß.

In Nordamerika, wo man den Corythosaurus hauptsächlich entdeckte, stellte man fest, dass die Kammgröße sehr unterschiedlich war. Entweder gab es verschiedene Arten, oder es handelte sich um Tiere in unterschiedlichen Entwicklungsstadien. Auch die Weibchen hatten kleinere Hohlkämme.

Corythosaurus

Trias	Jura	Kreide
250 000 000	210 000 000	140 000 000

ERD-MITTELALTER/MESOZOIKUM

Iguanodon

Das Iguanodon erhielt seinen Namen nach „Iguana", einem Leguan des tropischen Amerikas (griech.: odoús = Zahn). Es lebte vom späten Jura (Malm) bis zur Unterkreide vor 130 bis 115 Millionen Jahren. Das Iguanodon gehörte zur Ordnung der Ornithischia (Vogelbecken-Dinosaurier) und war der größte Saurier der Ornithopoda (Pflanzenfresser).

Bereits 1809 wurde in Südengland ein Teil eines Knochens vom Iguanodon gefunden. Im Jahre 1811 entdeckte man weitere Knochen und auch Zähne. Zunächst hielt man die Zähne für die eines riesigen Säugetieres. Erst der leidenschaftliche Fossiliensammler Mantell, der gleichzeitig Geologe war, identifizierte sie als die eines Reptils. Weil sie ihn an eine Leguanart erinnerten, gab er dem Tier in seiner wissenschaftlichen Abhandlung im Jahre 1825 den Namen „Iguanodon". Damals schilderte er ein drachenähnliches Tier mit echsenartigem Kopf, das ein Horn auf der Nase trug. Dieses Horn war, wie sich später herausstellte, allerdings der Daumen von Iguanodon.

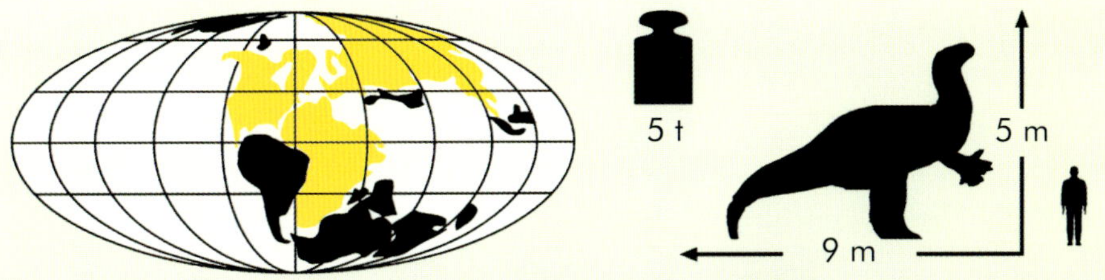

Iguanodon

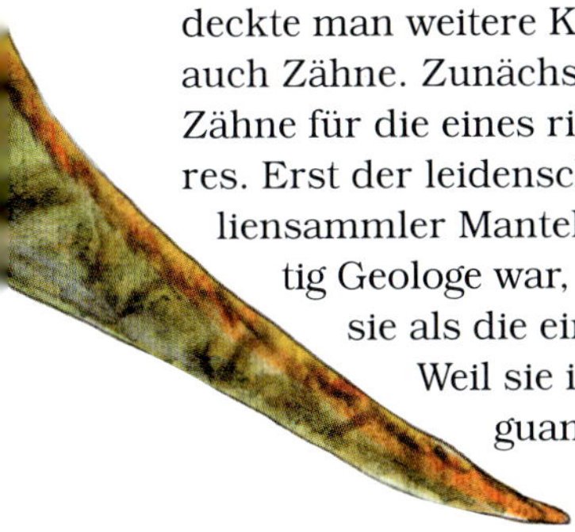

Trias	Jura	Kreide
250 000 000	210 000 000	140 000 000
ERD-MITTELALTER/MESOZOIKUM		

Wie man heute weiß, war Iguanodon ein Pflanzenfresser mit einem massigen Körper und einem langem kräftigen Schwanz. Die Hinterbeine waren lang und kräftig, an den Füßen befanden sich je drei Zehen mit festen hufartigen Nägeln. Die zum Greifen ausgebildeten kürzeren Vorderbeine trugen fünf bewegliche Finger, wovon drei mit Nägeln besetzt waren. Am Daumen befand sich ein dolchartiger Stachel, mit dem das Iguanodon greifen konnte. Er diente aber auch vielleicht als Waffe gegen seine Feinde, die großen Fleischfresser wie beispielsweise Megalosaurus. Das Tier streifte die meiste Zeit auf vier Beinen durch die Tropenlandschaft der Kreidezeit. Meist war es mit anderen in einer Gruppe unterwegs, wenn es die Schachtelhalme und Farne der Uferzonen von Seen und Flüssen abfraß. Zum Erreichen höherer Pflanzen konnte sich das Iguanodon auch auf die Hinterbeine stellen. Dabei stützte der Schwanz und hielt das Gleichgewicht. Der Kopf des Dinosauriers hatte eine verlängerte Schnauze mit einem Kiefer, der schnabelähnlich war. Mit seinen zahlreichen Backenzähnen konnten mühelos die hartfaserigen Pflanzen abgeschnitten und zermahlen werden.

1929 wurden in einem Steinkohlebergwerk bei Bernissart in Belgien 29 fast vollständig erhaltene Skelette gefunden. Fußabdrücke wurden in Südengland entdeckt.

Iguanodon

Ordnung: Ornithischia
Unterordnung: Ornithopoda
Familie: Iguanodontidae

Parasaurolophus

Parasaurolophus war einer der bemerkenswertesten Entenschnabel-Dinosaurier (Hadrosauridae). Diese gehörten zu den bestangepassten der Ornithopoda, den Pflanzenfressern der Ordnung der Ornithischia (Vogelbecken-Dinosaurier).

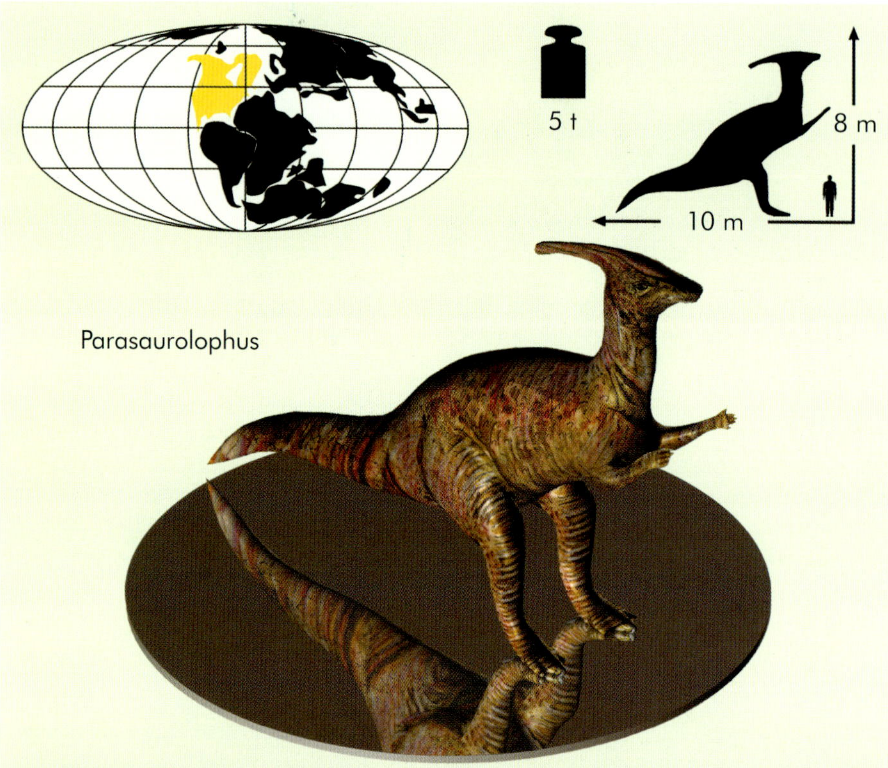

Trias	Jura	Kreide
250 000 000	210 000 000	140 000 000
ERD-MITTELALTER/MESOZOIKUM		

Das Besondere an ihm war sein nach hinten gerichteter knöcherner Zapfen. Ein Nasenkamm, der aus einer hohlen Doppelröhre bestand, reichte von der Nasenöffnung bis zum Ende des Kamms und von dort zum Schädel zurück. Er war über 1,5 Meter lang. Bei anderen fossilen Resten eines Parasaurolophus fiel dieser Kamm viel kürzer aus. Vielleicht handelte es sich um ein Weibchen dieser Art. Noch heute ist seine Funktion unklar. Vielleicht diente er zur Stimmverstärkung wie die Hautsäcke anderer Entenschnabel-Saurier. Die erzeugten Geräusche, die trompetenartig geklungen haben können, waren möglicherweise wichtig für die Balz. Sie könnten aber auch Warnruf oder Abschreckung gewesen sein. Eine andere denkbare Möglichkeit wäre es, durch die Aushöhlung Luft im Schädel zirkulieren zu lassen, um das Gehirn zu kühlen.

Einige Paläontologen sind der Meinung, der Knochenkamm sei einfach ein Laubteiler gewesen, wenn das Tier durch die Wälder streifte. Auf dem Rücken von Parasaurolophus war nämlich zusätzlich eine seltsame Einkerbung, in die der Kamm bei bestimmter Körperhaltung genau hineinpasste und dem Tier ein stromlinienförmiges Aussehen gab.

Die Schnauze des Tieres mit dem Hohlkamm war schmaler als die der Hadrosaurier mit festen knöchernen Kämmen. Mit einem Schnabel, der einem Entenschnabel ähnelte, konnte Parasaurolophus die faserigen Blütenpflanzen, die in der späten Kreide vermehrt auftraten und die zarten Triebe der Nadelbäume abzupfen. Vorn in der Schnauze hatte er keine Zähne, aber hinten mehrere Reihen von Backenzähnen in Ober- und Unterkiefer, die nach Abnutzung durch neue ersetzt wurden.

Parasaurolophus wurde bis zu 10 Meter lang und wog ungefähr um

Parasaurolophus

Ordnung: Ornithischia
Unterordnung: Ornithopoda
Familie: Hadrosauridae

die 5 Tonnen. Meist lief er wohl auf vier Beinen, konnte sich aber bei Gefahr aufrichten und zweibeinig flüchten. Der lange, breite Schwanz half bei der Haltung des Gleichgewichtes.

Erste Fundorte von Parasaurolophus waren 1923 in Alberta, Kanada, aber auch in Utah und New Mexiko fand man fossile Reste. Er lebte in der späten Kreidezeit vor 76 bis 74 Millionen Jahren.

Velociraptor

Zu den wildesten Räubern der späten Kreidezeit vor 84 bis 80 Millionen Jahren gehörte Velociraptor. Er stammte aus der Ordnung der Saurischia (Echsenbecken-Dinosaurier) in der Familie der Dromaeosauridae.

Während einer polnisch-mongolischen Gemeinschaftsexpedition fand man 1971 den ersten und einzigen Beleg für Dinosaurierkämpfe. Dort lag ein Velociraptor am Boden, hatte aber seine Krallen noch hinter dem Nackenschild seines Feindes. Die Kämpfenden lagen in der Nähe eines Nestes mit Eiern von Protoceratops. Wahrscheinlich wurde Velociraptor dort überrascht. Während des Kampfes muss ein gewaltiger Wirbelsturm aufgekommen sein, in dem beide umkamen. Durch den bedeckenden Wüstensand wurden sie konserviert. Velociraptor war bei einer Länge von 1,8 Metern ein schneller Läufer mit langen Beinen. Sein Knochenbau war leicht.

Er lebte mit seinen Artgenossen in Rudeln. Mit langen Beinen, kräftigen Zähnen und scharfen Klauen war es nicht schwer, ein Beutetier zu fassen und aufzuschlitzen.

Genau wie Deinonychus, der aus Nordamerika stammte, hatte Velociraptor in der Mongolei an jeder Hand drei Klauen. Sichelklauen, die allerdings ziemlich klein waren, befanden sich an den Hinterbeinen. Auch sonst bestand eine erstaunliche Ähnlichkeit, obwohl zwischen diesen beiden Tieren etwa 20 bis 30 Millionen Jahre lagen.

Vielleicht fand Deinonychus damals einen Weg, der ihn von Nordamerika nach Asien führte. Zwischen den beiden Kontinenten lag zwar der Pazifische Ozean, doch über Landbrücken (Beringia) könnte eine Einwanderung möglich gewesen sein.

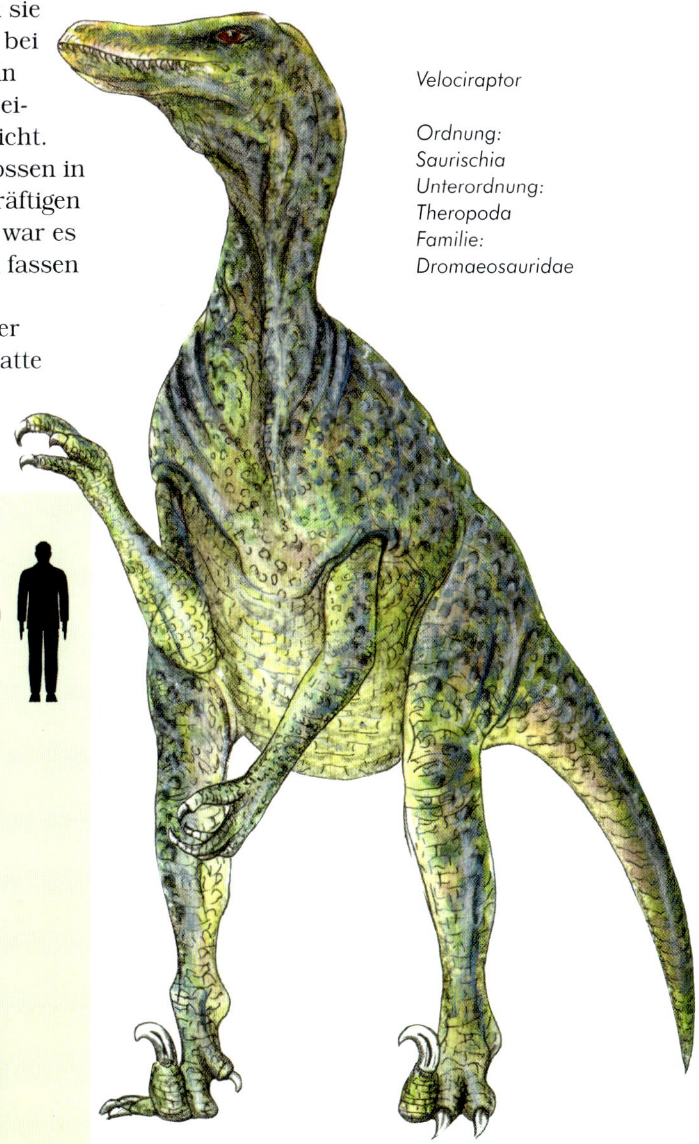

Velociraptor

Ordnung:
Saurischia
Unterordnung:
Theropoda
Familie:
Dromaeosauridae

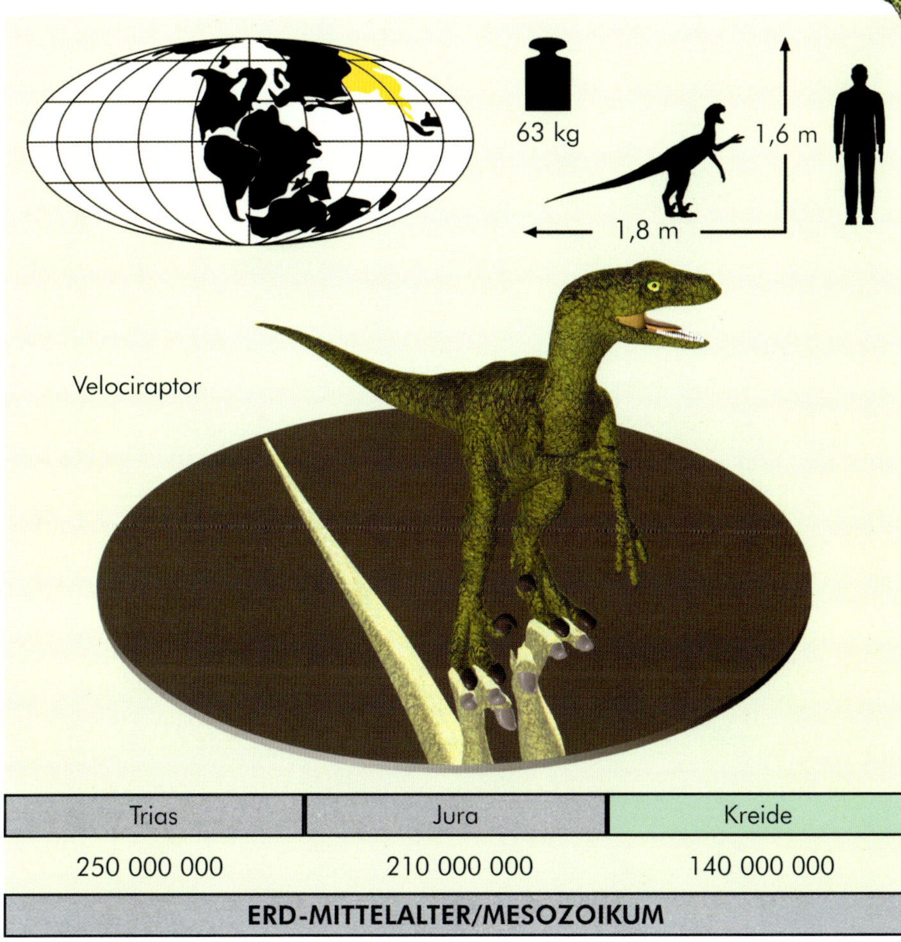

Ankylosaurus

Der größte Saurier der gepanzerten Vogelbecken-Dinosaurier (Ornithischia) der Familie der Ankylosauridae war Ankylosaurus. Sein Name „versteifte Echse“ leitet sich von den Knochenplatten, Buckeln und Stacheln ab, die seinen Körper bedeckten. Er lebte zur späten Kreidezeit in Nordamerika. Seine Ursprünge sind wohl in Asien zu suchen. Dort wurden mehrere unterschiedliche, aber ähnliche Arten gefunden. Möglicherweise waren sie über Landbrücken aus dem fernen Osten eingewandert.

Ankylosaurus war ein bulliges Reptil von über 3,5 Tonnen Gewicht. Dabei wurde es bis zu 10 Meter lang. Sein Schädel war breit, der Körper am Rücken abgeflacht. Die Gliedmaßen waren nur sehr kurz. Deshalb war Ankylosaurus offensichtlich nicht in der Lage, große Laufgeschwindigkeiten zu entwickeln. Hier bot ihm sein unverwüstlicher Panzer Schutz, der sich vom Kopf über den Rumpf bis zum Schwanz zog. Er setzte sich aus mehreren Hundert einzelnen Platten, die in die Haut eingelagert waren, zusammen. Dadurch war der Panzer beweglich.

Bei Gefahr drückte sich Ankylosaurus einfach an den Boden. Seine einzige Verteidigungswaffe war eine Art knöcherne Keule an seinem Schwanzende. Mit dieser konnte er nach allen Seiten ausschlagen und dem Gegner große Verletzungen zufügen.

Von Ankylosaurus wurden zahlreiche, nicht komplette Funde gemacht. Die Rekonstruktionen fallen daher sehr unterschiedlich aus. Nach neueren Bildern war der Panzer weniger regelmäßig gebaut und zusätzlich mit zahlreichen Stacheln gespickt. Über die Ernährungsweise von Ankylosaurus ist noch nichts Genaues be-

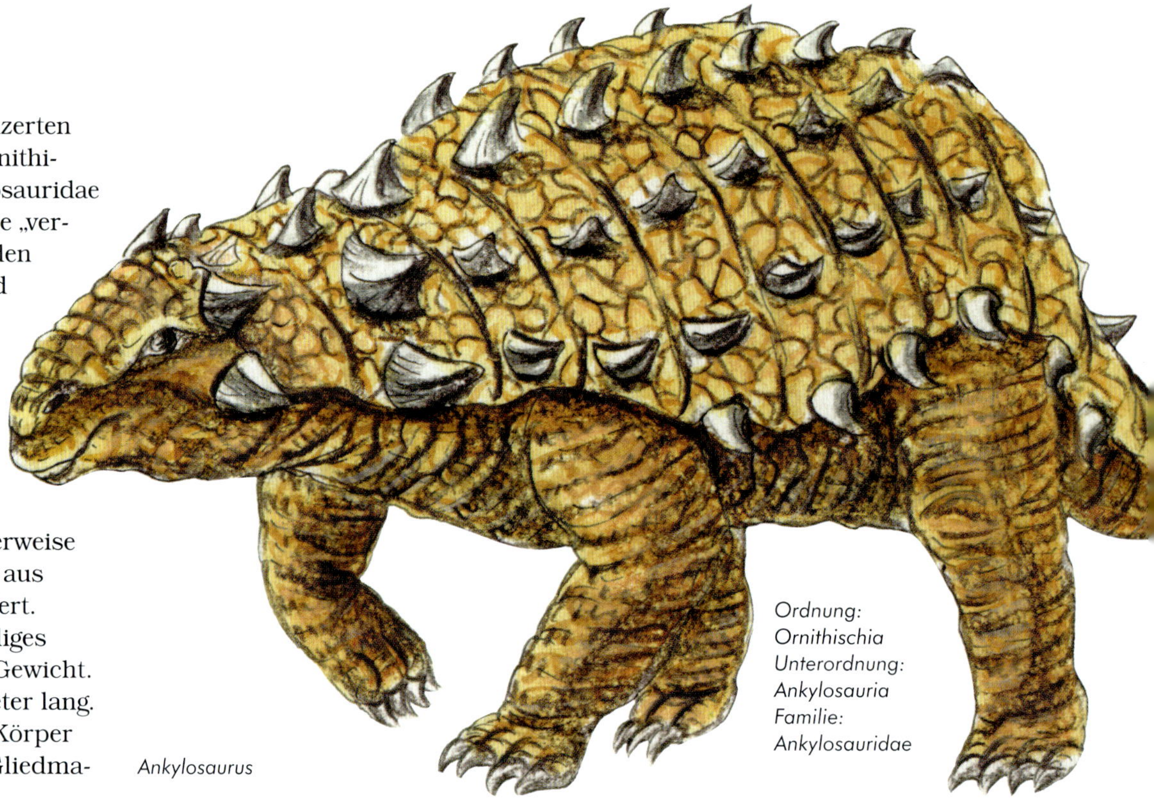

Ankylosaurus

Ordnung: Ornithischia
Unterordnung: Ankylosauria
Familie: Ankylosauridae

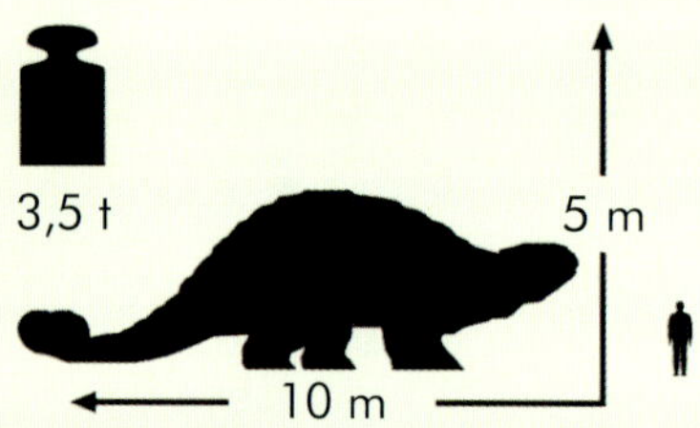

Ankylosaurus

Trias	Jura	Kreide
250 000 000	210 000 000	140 000 000
ERD-MITTELALTER/MESOZOIKUM		

kannt. Man weiß nicht, ob er Pflanzenfresser war oder sich von Termiten ernährte wie sein asiatischer Verwandter. Ankylosaurus war einer der letzten Dinosaurier. Er starb gegen Ende der Kreidezeit aus.

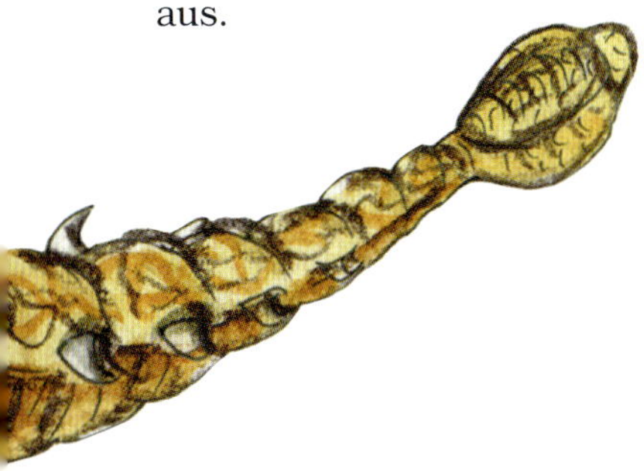

Dromaeosaurus

Dromaeosaurus, der zu den Echsenbecken-Dinosauriern (Saurischia) gehörte, wurde erstmalig 1914 in Kanada gefunden. Zunächst war unklar, ob er in die Gruppe der Coelurosauria (langer Hals, schmaler Schädel, leicht gebaut) oder in die Gruppe der Carnosauria (kurzer Hals, groß, schwer gebaut) gehörte.

Trias	Jura	Kreide
250 000 000	210 000 000	140 000 00
ERD-MITTELALTER/MESOZOIKUM		

Domaeosaurus fand seine Hauptverbreitung in der Oberkreide und lebte mit seinen Artgenossen in Rudeln in Nordamerika.

Erst mit dem Fund von Deinonychus erkannte man, dass Dromaeosaurus von beiden Gruppen etwas hatte, nämlich die Leichtbauweise des Körpers der Coelurosauria und den schweren Schädelbau der Carnosauria.

Mittlerweile weiß man, dass dieses Tier eine ungefähre Körperlänge von 2 Meter hatte und ziemlich beweglich war. Die sichelförmigen Krallen seiner Zehen waren sehr gut ausgeprägt. Besonders mit der zweiten Zehenkralle konnte er seiner räuberischen Lebensweise nachgehen. Auch seine Greifhände waren mit spitzen Krallen versehen. Mit seinen scharfen, gefährlichen Zähnen gelang es mühelos, Fleischfetzen aus den Beutetieren herauszureißen.

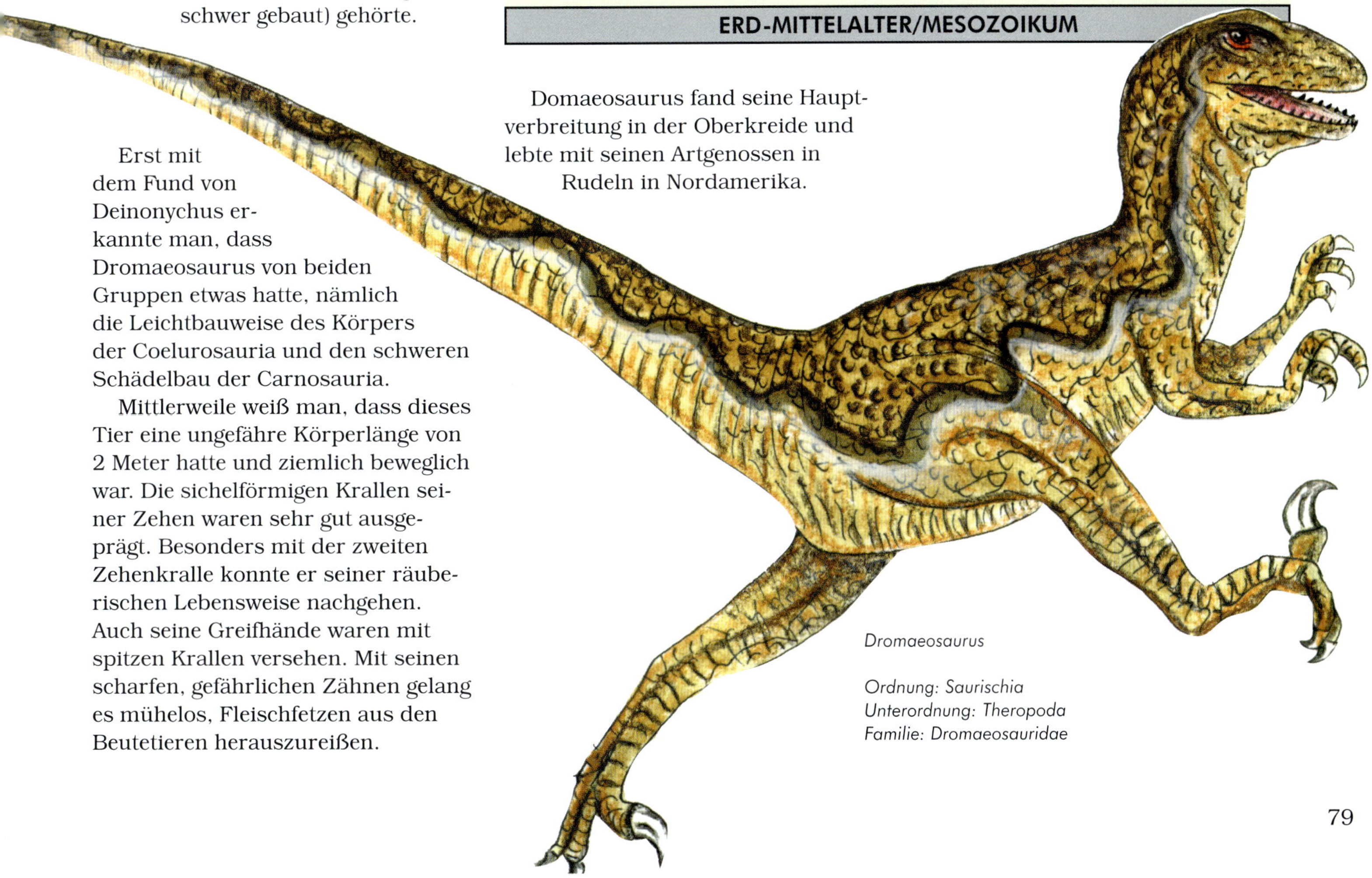

Dromaeosaurus

Ordnung: Saurischia
Unterordnung: Theropoda
Familie: Dromaeosauridae

Pteranodon

Bis vor einigen Jahren galt Pteranodon als der größte bekannte Flugsaurier. Er hatte eine Spannweite von 7 Meter und lebte vor ungefähr 70 Millionen Jahren in der späten Kreide.

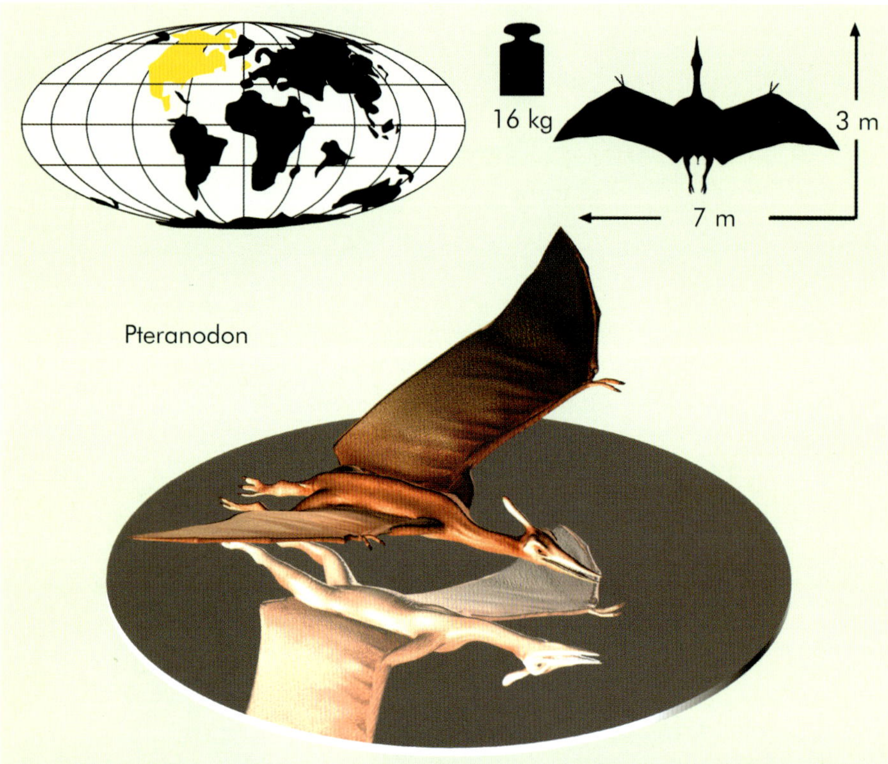

Trias	Jura	Kreide
250 000 000	210 000 000	140 000 000
ERD-MITTELALTER/MESOZOIKUM		

Pteranodons Körperlänge betrug insgesamt 3 Meter. Davon entfielen allein 1,8 Meter auf den großen Kopf mit einem langen spitzen Schnabel. Vom Kopf stand ein über 60 Zentimeter langer, nur 3 Millimeter dünner und 30 Gramm leichter Knochenkamm ab. Vielleicht stellte er so etwas wie ein Flugleitwerk dar. Er diente sicherlich auch als Gegengewicht, wenn Pteranodon den Kopf zur Seite drehte. Eine weitere Nutzung des Knochenkammes mag in der Unterscheidung der weiblichen und männlichen Tiere gelegen haben. Der Körper von Pteranodon war nicht größer als der eines Truthahnes, seine hohlräumigen Knochen nur etwa 5 Millimeter dick. So war das Skelett sehr zerbrechlich. Insgesamt wog das Tier nur 15 bis 17 Kilogramm. Erstaunlich ist, dass das Tier bei Landungen nicht zerbrach.

Pteranodon gehörte wohl zu den Seglern und Windgleitern und ließ sich vom Aufwind tragen. Dieses lässt sich aus Berechnungen seines Gewichtes und der Flügelfläche bestimmen.

Zur Verstärkung der Flugschwingungen war der Schultergürtel mit dem Rückgrat verschmolzen und nicht allein durch Muskeln verbunden wie bei anderen Flugtieren. Für einen Flügelschlag benötigte der Flugsaurier zwei Sekunden.

Sein Leben verbrachte er vorwiegend in den Klippen am Meer. Hier machte er Jagd auf Fische, die er mit dem langen Schnabel aus dem Wasser erbeutete. Der Fang konnte in einem weiteren Kehlsack untergebracht werden, ohne das Gleichgewicht beim Fliegen zu stören. Pteranodon (d. h.: geflügelt und zahnlos) hatte keine Zähne. Er verschluckte seine Beute vollständig. Auf dem Boden war Pteranodon nicht sehr flexibel. Dort konnte er sich nur plump bewegen.

Pteranodon
Flugsaurier

Ordnung: Pterosauria
Unterordnung: Pterodactyloidea

Elasmosaurus

Ordnung: Plesiosauria
Familie: Plesiosauridea

Elasmosaurus

Zu den schwimmenden Reptilien des Mesozoikums gehörte die weit verbreitete Gruppe der Plesiosauria. Zu dieser Ordnung zählte auch der Elasmosaurus (griech.: élasma = Platte / saúra = Eidechse). Er wurde vor allem in der späten Kreidezeit in Kansas in Nordamerika und in Asien gefunden.

Bei einer Körperlänge von bis zu 14 Meter nahm sein Hals mit 71 Halswirbeln fast die Hälfte der Länge ein. Der Rumpf hatte dagegen nur 28, der Schwanz 21 Wirbel. Elasmosaurus hatte einen sehr kleinen Kopf (60 Zentimeter Länge) und einen Kiefer mit sehr scharfen Zähnen. Wahrscheinlich ernährte er sich von Fischen, die er mit blitzschnellen Halsbewegungen in der Nähe der Wasseroberfläche fing. In Deutschland gefundene ähnliche Meeresreptilien enthielten Reste von Fischen und Flugsauriern, die dieses belegen.

Statt Gliedmaßen hatte Elasmosaurus wie alle Plesiosaurier vier lange Flossen, die er – wie ein Vogel seine Flügel – auf und ab bewegte. An deren Enden ließen sich noch die sich anschließenden Finger und Zehenknochen, bestehend aus bis zu 10 Knochen, erkennen. Weil sich die Flossen aber nur bis in Schulterhöhe anheben ließen, war es sehr schwierig, in tiefere Gewässer abzutauchen. Schulter- und Hüftknochen waren wie eine Platte abgeflacht, so dass daran anschließende kräftige Muskeln die Verbindung zu den Flossen herstellten, um ein effizientes Paddeln zu ermöglichen.

Zur Eiablage musste der Elasmosaurus das Wasser mühsam verlassen. Es bereitete allergrößte Schwierigkeiten für die junge Nachkommenschaft, nach dem Schlüpfen wieder in das nahe gelegene Wasser zu gelangen. Häufig wurden die Jungen von anderen räuberischen Zeitgenossen getötet.

Der Elasmosaurus starb am Ende der Kreidezeit aus. Nachdem die Plesiosaurier einige Millionen Jahre lang problemlos überlebt hatten, ist die Ursache für ihr Verschwinden ungeklärt, haben doch andere Reptilienarten wie Echsen, Schlangen und Krokodile bis heute überlebt.

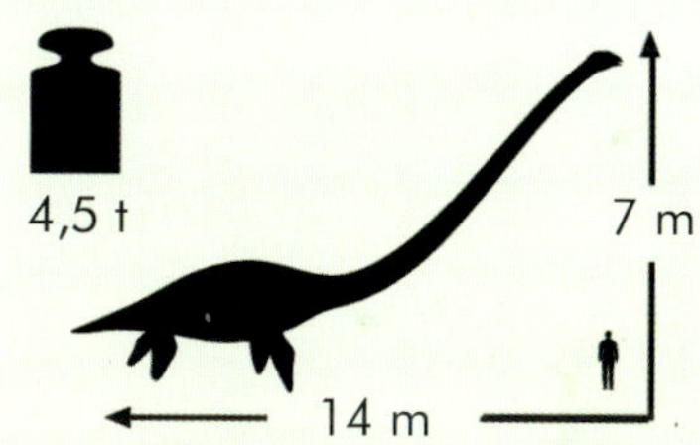

Elasmosaurus

Trias	Jura	Kreide
250 000 000	210 000 000	140 000 000

ERD-MITTELALTER/MESOZOIKUM

Ichthyosaurus

Zu den bekanntesten Fischsauriern gehört der Ichthyosaurus. Er hatte eine verblüffende Ähnlichkeit mit unseren heutigen Delphinen. Ungeklärt ist, wie diese Gruppe entstanden ist. Sie könnte von landbewohnenden Reptilien abstammen. In der Triaszeit konnten sie sich aber nur im Wasser bewegen.

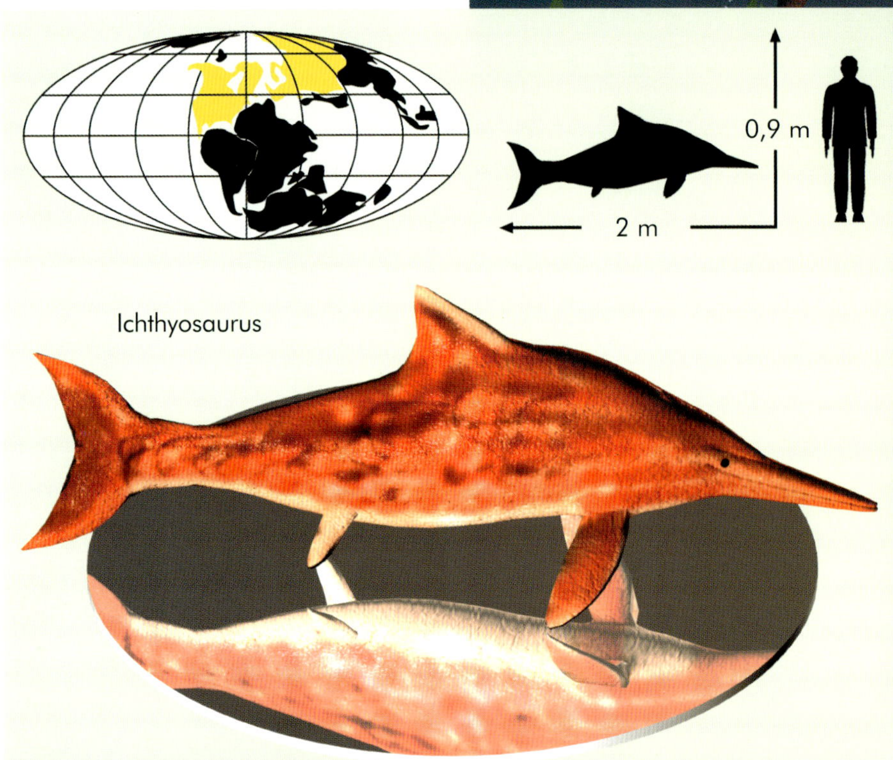

Trias	Jura	Kreide
250 000 000	210 000 000	140 000 000
ERD-MITTELALTER/MESOZOIKUM		

Ichthyosaurus, der in Grönland, Nordamerika und vor allem in Europa gefunden wurde, ernährte sich hauptsächlich von Fischen, denen er im niedrigen Wasser auflauerte.

In Holzmaden, einer Gemeinde in Baden Württemberg, wurden im Posidonienschiefer (Erdölmuttergestein), das in schlecht durchlüftetem Wasser (Flachmeeren) entstand, zahlreiche Fossilien des Ichthyosaurus gefunden. Hier gab es Hunderte von Skeletten, die zum Teil so gut erhalten waren, dass sogar die Knochen noch miteinander verbunden waren. In einigen fand man bis zu vier kleine Skelette, die bewiesen, dass diese Fischechsen, wie man sie auch bezeichnet, ihre Jungen lebend gebaren. Ein Fossilfund zeigt sogar einen Ichthyosaurus während des Geburtsvorganges. Daher weiß man, dass die Jungen den Geburtskanal mit dem Schwanz voran verließen.

Eine Untersuchung von ebenfalls gefundenem Mageninhalt gab Auf-

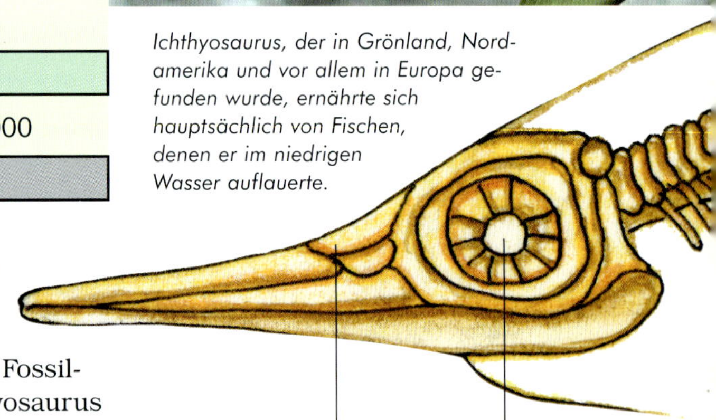

Skelett Ichthyosaurus

Ichthyosaurus
Meeresbewohnendes Reptil

Ordnung: Ichthyosauria
Familie: Ichthyosauridae

schluss über die Nahrung. Bevorzugt waren Fische, aber auch andere Meerestiere wie beispielsweise Tintenfische.

Ichthyosaurus erreichte eine Körperlänge von 2 Metern (andere Fischsaurier wurden sogar bis zu

Ichthyosaurus
Stenopterygius quadriscissus
(Fischsaurier)

12 Meter lang). Er hatte einen spitz zulaufenden Kopf mit zahlreichen spitzen Zähnen und einen kurzen Hals.

Statt der Gliedmaßenpaare befanden sich an den Seiten jeweils zwei kurze Flossen, die auch die Finger- und Zehenknochen mit enthielten. Auf dem Rücken gab es eine Flosse in dreieckiger Form. Diese fünf Flossen dienten vor allem zur Steuerung. DieSchwanzflosse, in deren unterer Hälfte die Wirbelsäule stark nach unten abgeknickt war, diente als Antriebsorgan. Aus Hautresten, die man fand, leitete man aus der Untersuchung der Pigmente ab, dass Ichthyosaurus eine bräunliche oder dunkelgrüne Farbe hatte.

Ichthyosaurus musste zum Atmen den Kopf aus dem Wasser heben. Deshalb waren seine Nasenlöcher auch wohl sehr hoch in Augennähe angelegt. Neben den Schwingungen, die das Innenohr über die Wasserbewegung erhielt, waren die verhältnismäßig großen Augen ebenso wichtig für die Beutejagd.

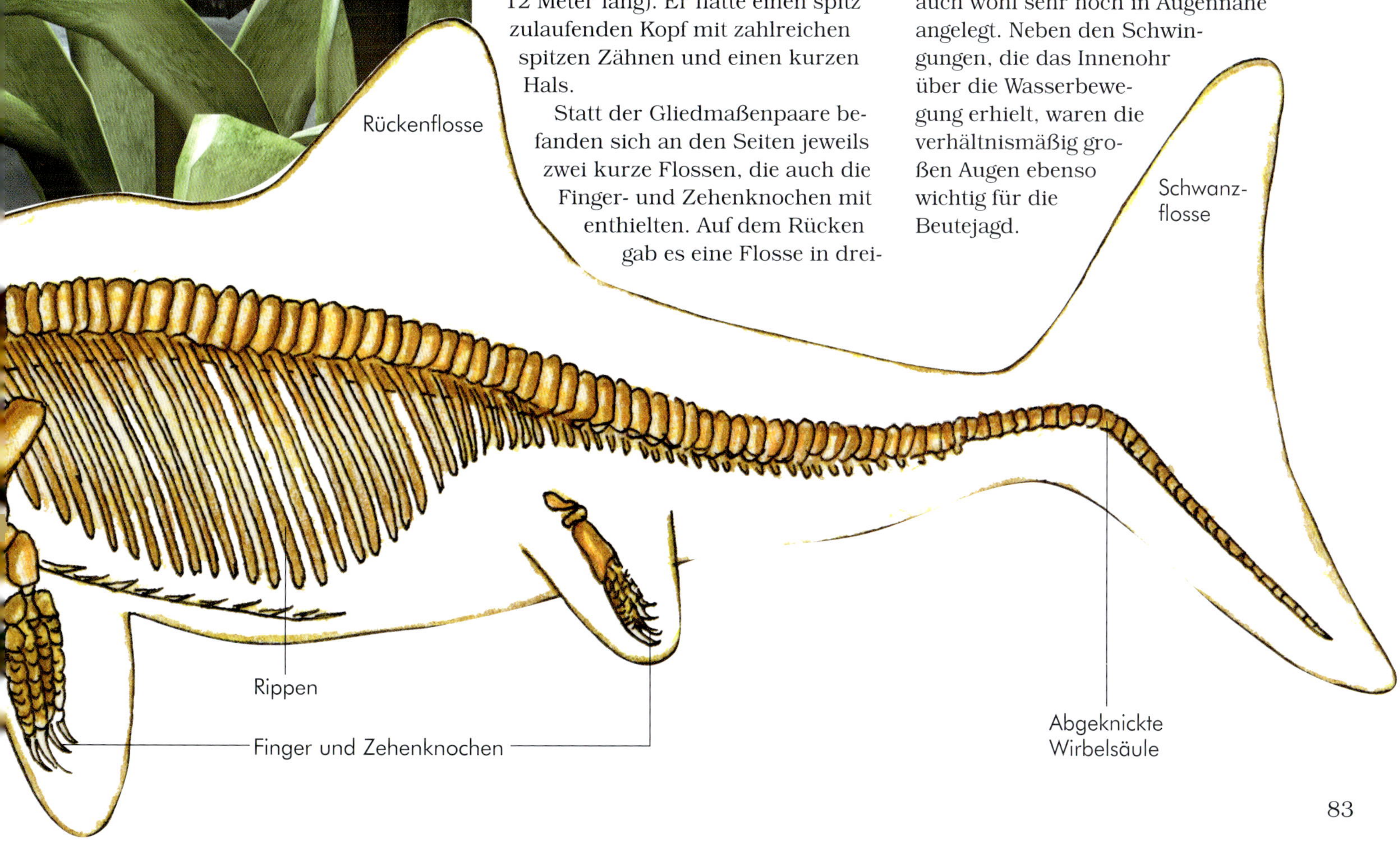

Gallimimus

Gallimimus (Hühnernachahmer) war der größte der Ornithomimidae (Vogelnachahmer). Er gehörte zu den Echsenbecken-Dinosauriern (Saurischia) und lebte vor 75 Millionen Jahren in der späten Kreide.

Dieser Zweibeiner hatte bei einer Länge von 4 Metern ein Gewicht von 225 Kilogramm. An seine langen Beine schlossen sich verlängerte Füße an, die gut an das Laufen angepasst waren. Ein langer, steifer Schwanz hielt das Gleichgewicht des Körpers beim Laufen. Die Vordergliedmaßen hatten jeweils drei Finger. Damit konnten Zweige zum Mund geführt werden, aber auch Kleintiere, die ebenfalls zu seiner Ernährung gehörten, gehalten werden.

Gallimimus hatte einen zahnlosen Schnabel ähnlich den heutigen Papageien. Er konnte nur das fressen, was er in einem Stück verschlucken konnte.

Der Lebensraum von Gallimimus war an Flussufern im Binnenland, wo Regen- und Trockenzeiten wechselten. Hier hielten sich ebenso die Entenschnabel-Dinosaurier und Panzer-Dinosaurier auf.

Ein großer Feind war der schnelle Deinonychus, der ihn mit seinen kräftigen Krallen jagte. Begegnete er diesem, konnte er sein Heil nur noch in der Flucht suchen.

In der Gobiwüste fand man drei fast vollständig erhaltene Skelette von Gallimimus. Dort endeckte man 1965 auch einen Teil eines weiteren vogelähnlichen Dinosauriers, der Gallimimus an Größe bei weitem übertraf.

Allein ein Armknochen hatte bis zu den Fingerspitzen gerechnet die Länge von 2,5 Meter. Ein einzelner Fingerknochen war 25 Zentimeter lang und trug wahrscheinlich eine riesige Kralle. Es sind aber zunächst noch zu wenig Teile des Skelettes vorhanden, um sicher zu sein, dass es sich um einen vogelähnlichen Saurier handelt. Er hat den Namen „Deinocheirus" (schreckliche Hand) erhalten und wird zunächst in eine eigene Familie gestellt.

Fossile Funde von Gallimimus wurden in der Mongolei, in Afrika und Nordamerika gemacht.

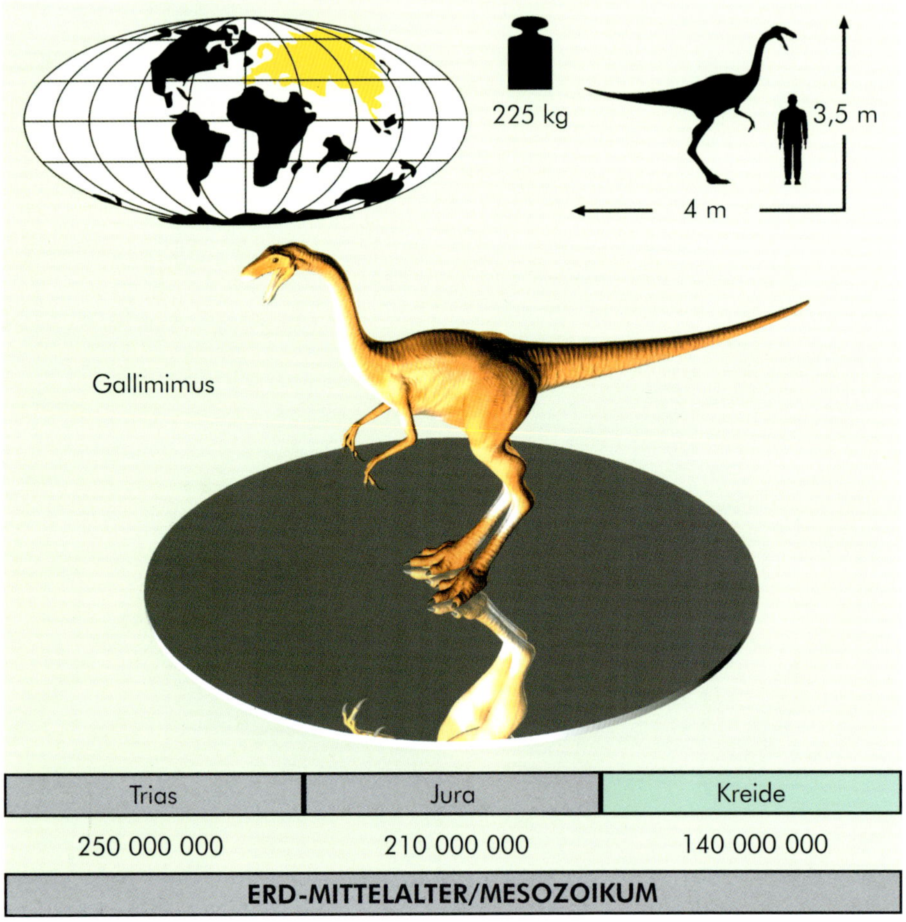

Gallimimus lebte mit anderen seiner Art in den Ebenen der Mongolei. Dort ernährte er sich von Insekten und kleinen Tieren. Vielleicht war er auch ein Spezialist im Öffnen von Dinosauriereiern.

Spinosaurus

Ein riesiges zweibeiniges Raubtier der großen Theropoda, die zur Ordnung der Echsenbecken-Dinosaurier (Saurischia) gehörten, war Spinosaurus. Er lebte in der späten Kreidezeit vor 100 bis 95 Millionen Jahren.

Bereits 1915 wurde Spinosaurus erstmalig wissenschaftlich erwähnt, nachdem man bei einer Expedition in Ägypten einige Teile seines Skelettes gefunden hatte. Diese gingen jedoch zunächst im Zweiten Weltkrieg verloren. Später fand man andere Fossilien in Niger (Westafrika).

Bei einer Länge von bis zu 12 Metern gehörte Spinosaurus zu den größten Fleischfressern seiner Zeit. Besonders eindrucksvoll war eine Art Segel auf seinem Rücken, das fast 2 Meter hoch war. Es bestand aus Knochenstäben, die aus verlängerten Fortsätzen der Rückenwirbel stammten. Diese waren mit Haut überzogen. Dieses Segel ähnelte sehr dem von Dimetrodon. Es ist nicht ganz klar, wozu diese merkwürdige Struktur gut war. Möglicherweise war das Rückensegel farbig und diente zum Anlocken der Weibchen.

Eine sinnvollere Erklärung scheint zu sein, dass das Segel dem Dinosaurier half, seine Körpertemperatur auszugleichen. Setzte Spinosaurus es der Sonne aus, konnte diese es schnell erwärmen und damit die Blutzirkulation anregen. Umgekehrt konnte er es in den Wind halten, um sich abzukühlen. Damit wäre es möglich gewesen, bereits am frühen Morgen aktiv zu sein, um seine Beutetiere, die aus Fischen und Dinosauriern bestand, zu fangen. Natürlich erhöhte das Rückensegel das Gewicht von Spinosaurus beträchtlich, so dass man sein Gesamtgewicht auf ungefähr 6 Tonnen schätzt.

Der gesamte Körper von Spinosaurus war voluminös, die Kiefer ähnelten denen eines Krokodils. Im Gegensatz zu anderen großen Fleischfressern waren die Zähne allerdings gerade und nicht gebogen.

Wahrscheinlich lief das Tier mal auf zwei Beinen, mal auf allen Vieren, wie die etwas größeren und kräftigeren Vorderläufe vermuten lassen.

Gallimimus

Ordnung: Saurischia
Unterordnung: Theropoda
Familie: Ornithomimidae

Spinosaurus

Ordnung: Saurischia
Unterordnung: Theropoda
Familie: Spinosauridae

KAPITEL 5

Erd-Neuzeit

Die Erdneuzeit (Känozoikum) begann vor etwa 65 Millionen Jahren. Sie gliedert sich in das Tertiär (lat.: das dritte System) und in das Quartär (lat.: das vierte System). Nach dem Aussterben vieler Tiergruppen am Ende der Kreidezeit blühten andere Arten auf, d. h. nach dem Zeitalter der Dinosaurier folgte das Zeitalter der Säugetiere. Ihre Vielfalt reichte vom Wal bis zum Nashorn, vom Mammut bis zum Elefanten. Säugetiere bekamen Haare statt Reptilschuppen und Vögel entwickelten ein Federkleid. Sie besiedelten nach und nach alle Lebensräume, d. h. die Wälder und Steppen, das Wasser und die Luft. Auf diese so unterschiedlichen Lebensräume mussten sie sich natürlich auch im Bau ihres Körpers und ihrer Gliedmaßen anpassen.

Die Fortpflanzung der Säuger betreffend bildeten sich zwei Gruppen. Die eine Gruppe legte Eier und säugte ihre Jungen anschließend, die andere Gruppe brachte lebende Junge zur Welt. Schließlich entwickelten sich aus frühen Primaten die Vorformen des heutigen Menschen. Nach bislang ältesten menschlichen Fossilien lebten diese vor über 4 Millionen Jahren. Ihren Ursprung hatten sie wahrscheinlich bereits vor 60 Millionen Jahren.

Wichtige geologische Ereignisse der Neuzeit waren neue Gebirgsbildungen, das Aufsteigen von Salzstöcken in Schichten nahe der Oberfläche und die Vereisung im Pleistozän (Eiszeitalter) vor 2 Millionen Jahren. Durch vielfache Faltungen der Erdkruste, häufige vulkanische Aktivitäten und ständige Meeresüberflutungen bzw. -rückzüge entstand nach und nach das Bild der Erde, wie wir es heute vorfinden. An den Polarregionen wurde es kälter, das insgesamt warme Klima wandelte sich immer mehr zu jahreszeitlich unterschiedlichen Temperaturen.

Tertiär

Das Tertiär, das vor etwa 65 Millionen Jahren begann, wird nach dem Anteil der heute noch lebenden Arten an der gesamten Tierwelt in fünf Epochen aufgeteilt.

Das Alttertiär gliedert sich in Paläozän, Eozän und Oligozän. Zum Jungtertiär zählen Miozän und Pliozän. Glaubte man früher, das Tertiär endete vor 600 000 Jahren, so ist man heute der Auffassung, die Grenze zum Quartär liege bei 2,5 bis 2 Millionen Jahren.

Die Periode des Alttertiär ist besonders geprägt durch wichtige Ablagerungen von Säugetierfossilien auf dem Land, aber auch durch Meeresablagerungen. Es gab Gebirgsbildungen und Störungen der Erdkruste in den Alpen, den Pyrenäen, im Himalaya usw.

Vulkanische Aktivitäten waren in dieser Zeit keine Seltenheit. Flachmeerablagerungen bildeten Formationen wie die heutigen Becken von Paris und den Oberrheingraben.

Anhand der Fossilien, die sich sehr von denen der Kreidezeit unterscheiden, kann man die gewaltige Ausbreitung der Säugetiere beobachten. Sie breiteten sich auf der ganzen Erde aus, indem sie sich an die unterschiedlichen Gegebenheiten auf dem Land, im Wasser und in der Luft anpassten.

Zu den Säugetieren des Alttertiär gehörten primitive, nagetierähnliche Formen, Beuteltiere und Insektenfresser. Die Vorläufer der Raubtiere (Creodonta) und die Vorläufer der Huftiere (Condylarthera) waren einander sehr ähnlich. Sie hatten plumpe Körper, einen hundeähnlichen Kopf mit einem kleinen Gehirn, massive Gliedmaßen mit fünf Zehen und dicken Klauen. Ein entscheidender Unterschied zwischen diesen Arten waren die unterschiedlich ausgebildeten Zähne und Füße.

Tertiär (vor 65 bis 2 Millionen Jahren)

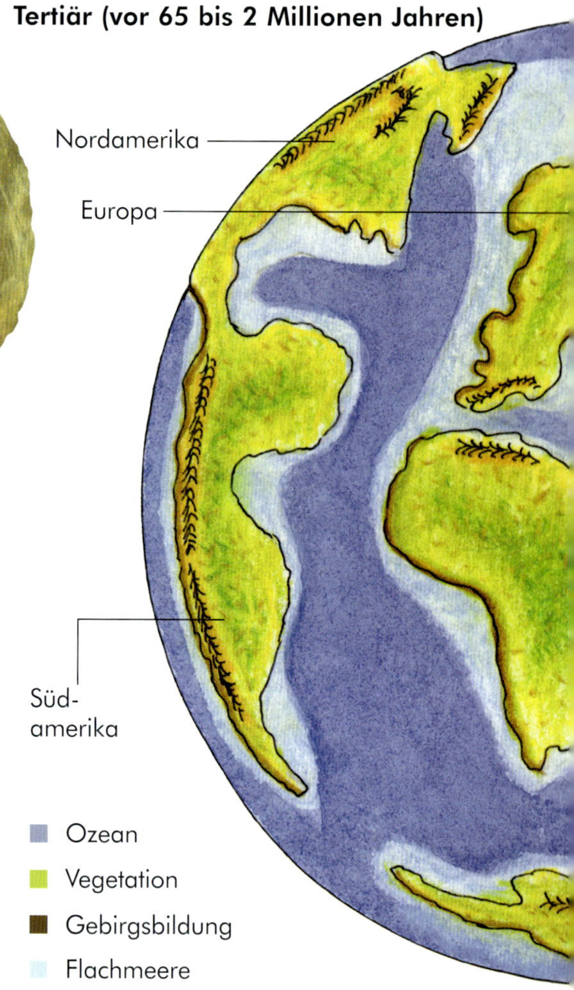

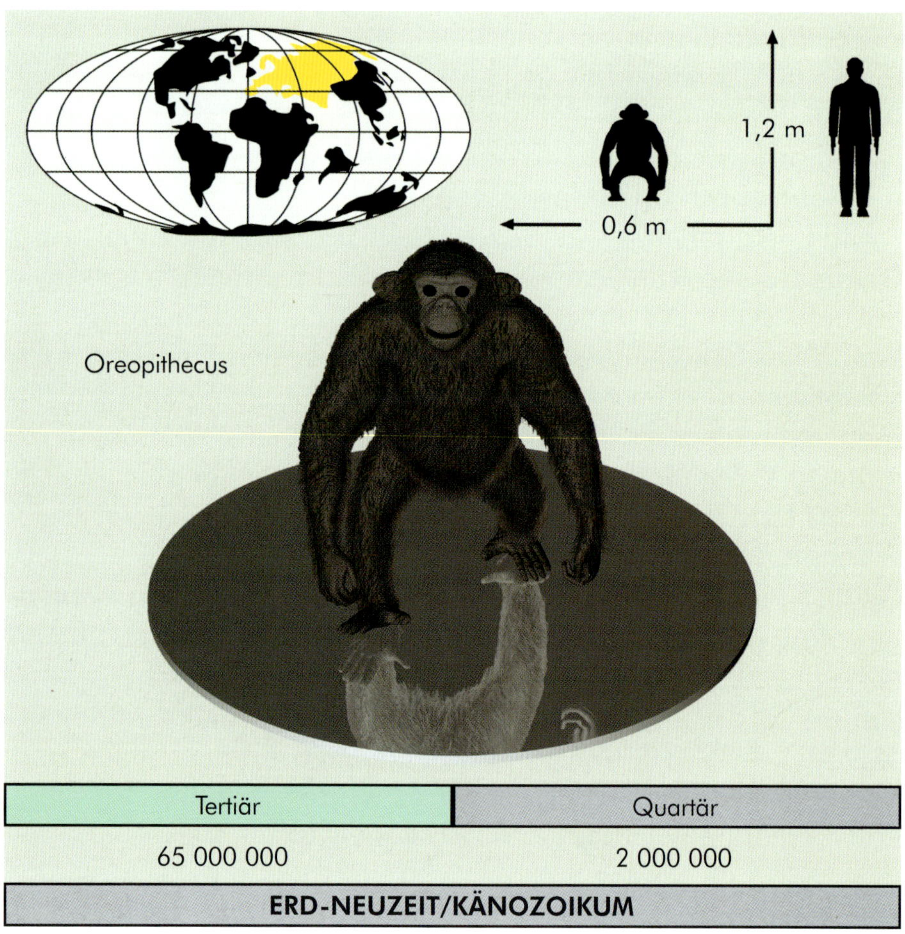

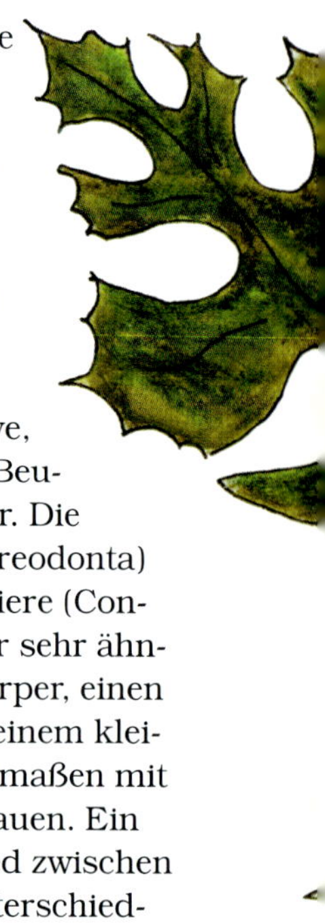

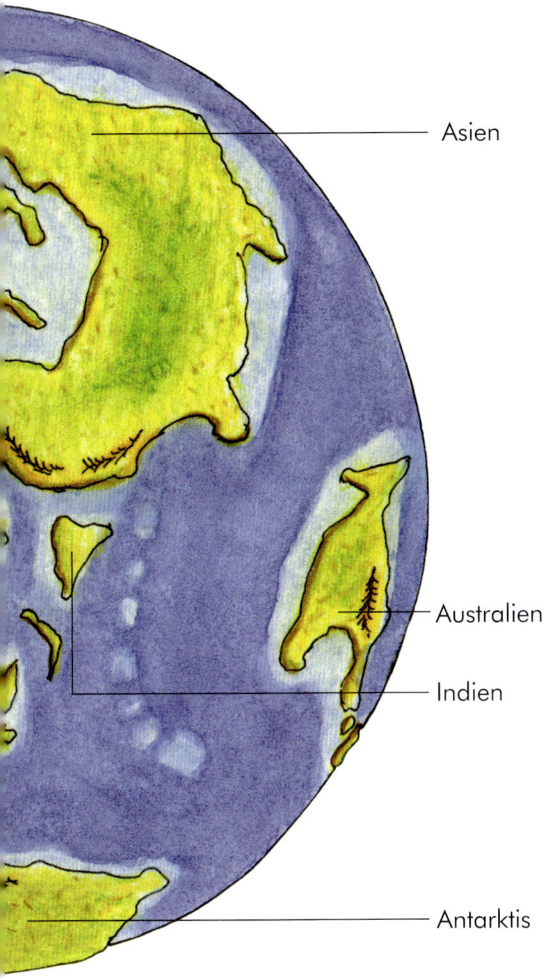

Pflanze im Tertiär (Birke)

Neben Huftieren und Raubtieren entstanden zahlreiche andere Gruppen wie Nager, Elefanten, Mammuts und Ur-Pferde. Auch die ersten Halbaffen traten im Eozän auf. Zu den Lebewesen des Meeres gehörten weiterhin Fische, die in ihrer Artenvielfalt zunahmen. Auch Schwämme, Muscheln, Schnecken, Flusskrebse usw. gab es in Fülle.

Die Jungtertiärzeit ist gekennzeichnet durch den permanenten Zuwachs moderner Tiere. Diese veränderten sich durch klimatische Wechsel beständig weiter. Mit der Erhebung der Kontinente in Nordamerika wurde das Klima trockener und aus den Wäldern bildeten sich große Niederungen mit Grassteppen. Erste Gräser entstanden im Miozän.

Mit der Änderung der Nahrung änderten viele Tiere auch die Form ihrer Gliedmaßen, ihres Körper und ihrer Zähne. Durch veränderte Fußstrukturen konnten sie höhere Laufgeschwindigkeiten erzielen.

Die meisten Pflanzen des Alttertiärs unterscheiden sich kaum von den heutigen, ebenso ein großer Teil der Meerestiere.

Gegen Ende des Pleistozäns starben viele ältere Säuger aus. Zu ihnen gehörten viele Beuteltierarten, frühe Elefanten und Mastodons, aber auch altweltliche Affen.

Oreopithecus

Familie: Oreopithecidae

Oreopithecus
In den Braunkohlelagern der Toskana (Oberitalien) wurden fossile Reste des Oreopithecus (Bergaffen) gefunden. Ihr Alter wird auf etwa 14 Millionen Jahre geschätzt. Sie erreichten eine Höhe von etwa 1,2 Metern. Der Oreopithecus hatte die Überaugenwülste eines Menschenaffen. Die Fußwurzelknochen dagegen waren nur affenähnlich. Das flache Gesicht, die konischen Eckzähne und die Backenzähne (Molaren) ähnelten jedoch wieder denen der Menschenaffen (Hominidae). Das Tier lebte vermutlich in Auwäldern und Sumpfgebieten und ernährte sich von Blättern, Schösslingen und Früchten.

Pflanze im Tertiär (Eiche)

Quartär

Das Quartär (lat.: das vierte System) ist der jüngste und zugleich kürzeste Zeitraum unserer Erdgeschichte. Er gliedert sich in das Pleistozän, das vor etwa 2 bis 2,5 Millionen Jahren begann und vor etwa 10 000 Jahren in die geologische Gegenwart, das Holozän, überging.

Erste Vergletscherungen hatte es schon vor 600 000 Jahren auf der Nordhalbkugel gegeben. Daher setzte man früher den Beginn des Pleistozän in dieser Zeit an. Dieser Vereisung war aber schon eine lange

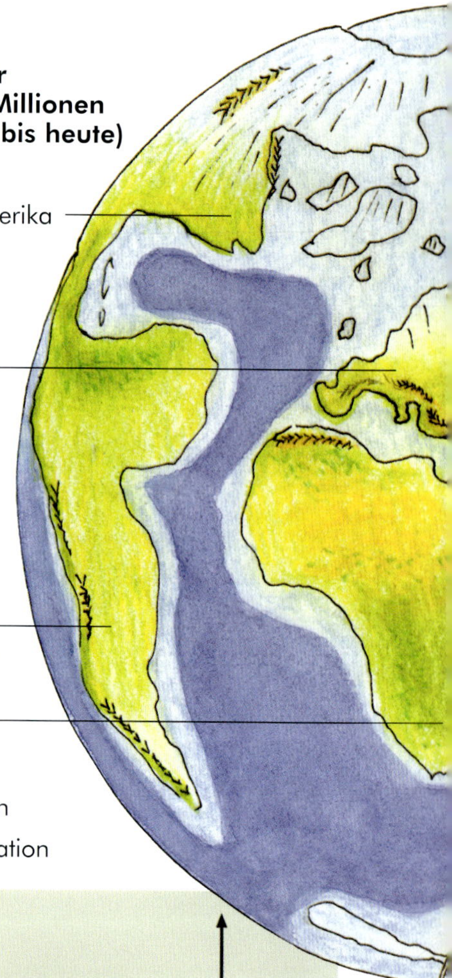

Coelodonta
(Pliozän bis Pleistozän)

Unterordnung: Ceratomorpha
Familie: Rhinocerotidae

Coelodonta war ein Wollnashorn, das bis zu 3,5 Meter lang wurde. Auf der Nase trug es zwei Hörner, von denen das vordere bei den Männchen eine Länge von über 1 Meter erreichte. Mit seinem zotteligen Fell hatte Coelodonta sich gut an das raue Klima der Steppe und Tundra nahe der Gletschergebiete angepasst. Hier ernährte er sich hauptsächlich von Blättern und Gräsern.

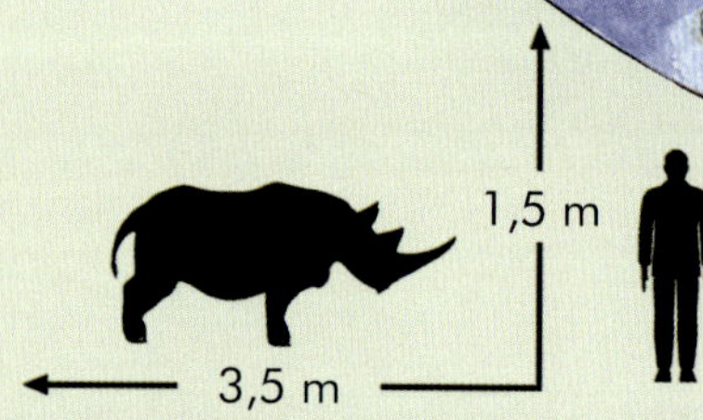

Coelodonta

Tertiär	Quartär
65 000 000	2 000 000

ERD-NEUZEIT/KÄNOZOIKUM

Obwohl dieser Zeitraum im Verhältnis zum Alter der Erde sehr kurz ist, wird ihm doch eine besondere Bedeutung beigemessen, denn in dieser Periode entwickelte sich der Mensch. Daher wird das Quartär auch als „Formation des Menschen" bezeichnet.

Ein weiterer Grund für die besondere Beachtung ist die abwechslungsreiche Geschichte des Klimas. Fast in der gesamten Erdzeit war das Klima – zumindest in den mittleren Breiten – gleichmäßig tropisch und warm. Erst im Quartär wechselten Kalt- und Warmperioden.

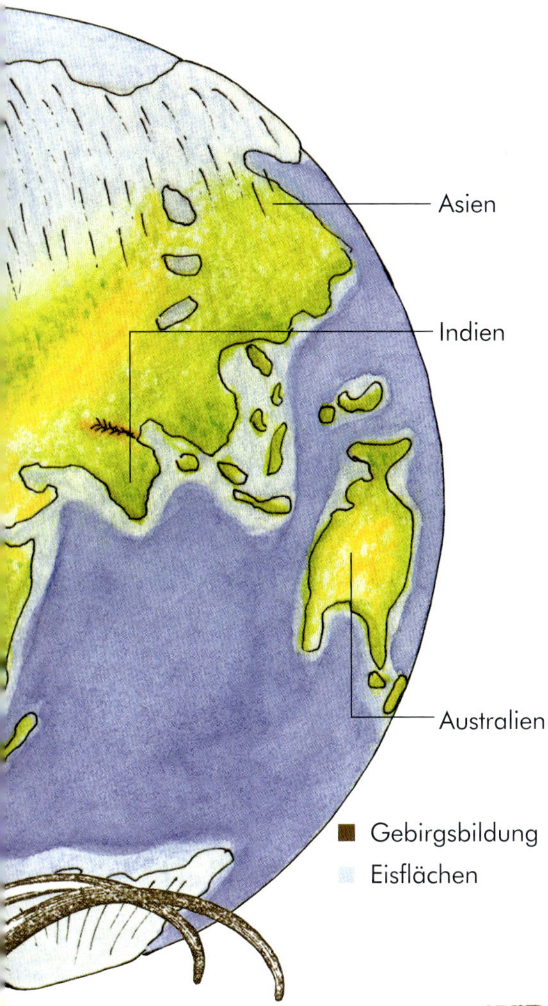

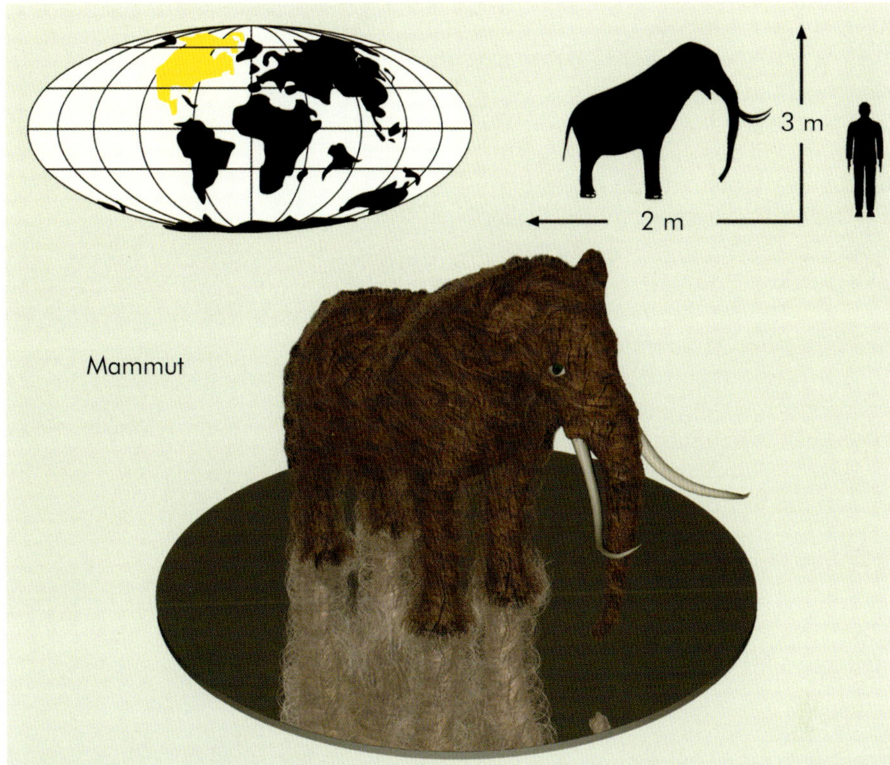

Tertiär	Quartär
65 000 000	2 000 000

ERD-NEUZEIT/KÄNOZOIKUM

Mammut (Miozän bis Pleistozän)

Familie: Mammutidae

Das amerikanische Mammut, auch Mastodon genannt, das bereits im späten Tertiär lebte, hatte ein dickes, zotteliges Fell. Es hatte zwei kräftige, nach oben gekrümmte Stoßzähne und wurde etwa 3 Meter hoch. In Nordamerika gab es zahlreiche Nadelwälder, in denen das amerikanische Mammut in Herden umherzog. Darstellung eines Mammuts um 1835 (Holzstich).

Abkühlungsphase vorausgegangen, so dass man seinen Beginn auf vor 2 Millionen Jahren einstufte. In den Kältezeiten setzten für Pflanzen- und Tierwelt große Veränderungen ein, in den Warmzeiten herrschten Temperaturen wie heute.

Die Pflanzenwelt Eurasiens konnte sich nicht nach Süden ausweiten, weil dort unüberwindbare Vereisungsgebiete durch Alpen und Karpaten gebildet wurden. Nur die hartnäckigsten Arten überstanden die Vereisungen. In Nordamerika konnten sich die Arten bis zum Golf von Mexiko verzweigen und nach der Eiszeit wieder Richtung Norden ausbreiten. Daher findet man hier auch heute noch eine größere Vielfalt als in Europa.

Die Tierwelt hatte auch ihre Fossilien, die sich nach Kalt- und Warmzeiten unterschieden. Für die Warmzeit sind der Waldelefant und das

Nashorn bezeichnend. Die Urform unseres Hausrindes, der Urochse, gehört ebenfalls in diese Warmzeit. In die Kälteperioden gehören das Mammut, das sich aus einem Elefantenstamm entwickelt hat, das Rentier und das wollhaarige Nashorn. Einige dieser Tiere sind so rasch eingefroren, dass ihre Mageninhalte noch überliefert sind. Andere Tierarten wie Raubtiere und Hirsche überstanden Kälte- und Wärmeperioden. Sie haben sicherlich große Wanderungen auf sich genommen, um ausreichend Nahrung in schlechteren Zeiten zu finden.

Auch die Weiterentwicklung des Menschen ist mit dem Eiszeitalter eng verbunden. Durch Verschlechterung des Klimas und Bedeckung der Kontinente mit Eismassen vor allem im Norden wurde der Lebensraum des Menschen eingeengt. Er fand auf den durch Meeresspiegelabsenkungen trocken fallenden Flächen neue Möglichkeiten. In der Nähe der Küsten gab es

Anancus, ein Waldelefant, der in Europa und Asien zu Hause war, wurde ungefähr 3 Meter hoch. Er ernährte sich von Blättern der Bäume, aber auch von Wurzeln, die er aus dem Boden kratzte. Anancus sah den heutigen Elefanten schon sehr ähnlich.

Anancus
(Miozän bis Pleistozän)

Unterordnung:
Elephantoidea

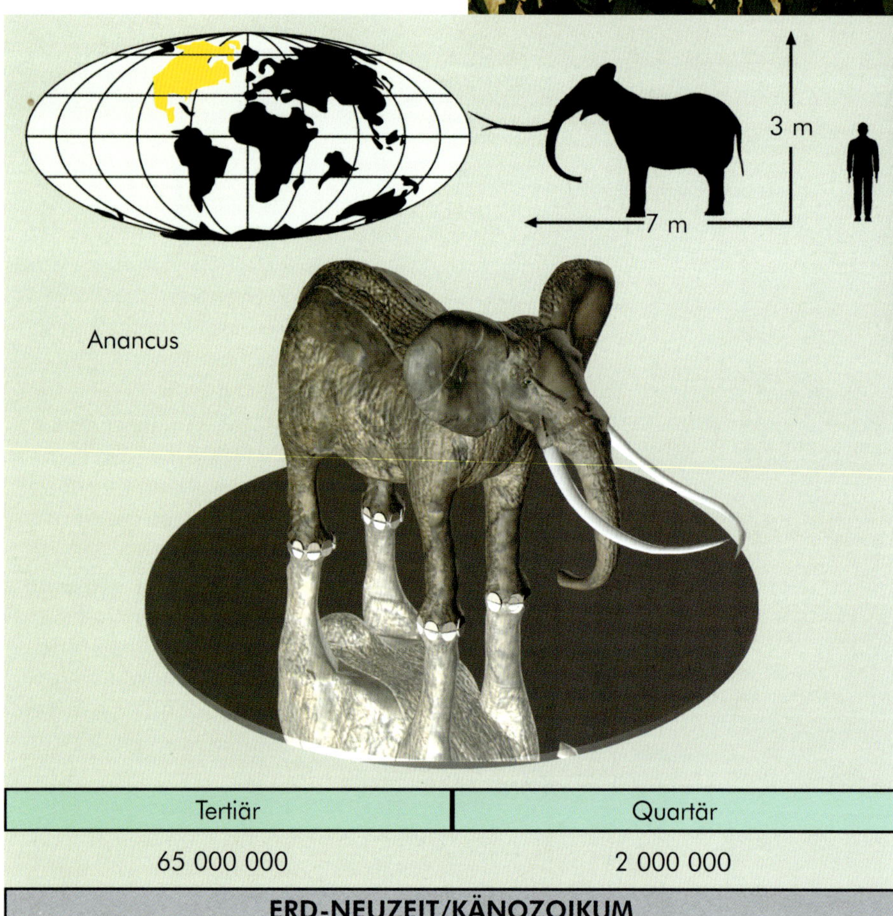

Homo sapiens neanderthalensis
1856 wurden im Neandertal bei Düsseldorf fossile menschliche Knochenreste des Homo sapiens gefunden. Er soll vor ca. 250 000 Jahren während der warmen Perioden der letzten Eiszeit gelebt haben. Die Rekonstruktion des „Neandertalers" ergab eine Körpergröße von ca. 1,7 Metern. Der Körperbau war gedrungen, jedoch von kräftiger Statur. Der Kopf war groß, ebenso die Hände. Er hatte ein kräftiges Gebiss, eine flache Nase und hervorstehende Augenbrauen. Der Neandertaler verfügte schon über Werkzeuge. Vor ca. 30 000 Jahren starb er wahrscheinlich aus.

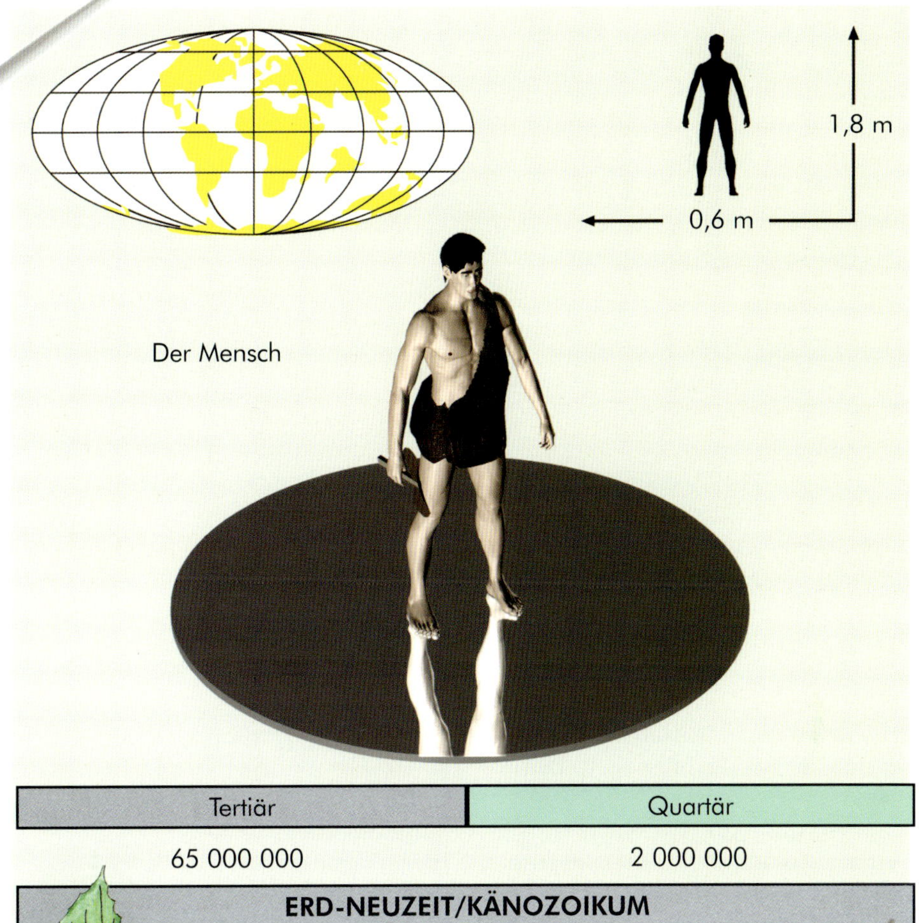

Pflanze im Quartär (Birke)

Homo sapiens
„Cro-Magnon"-Mensch
Fundort in Frankreich
Der Cro-Magnon-Mensch ist ein neuer Typus des modernen Menschen (Homo sapiens). Homos sapiens sapiens ist seit ungefähr 35 000 Jahren bekannt. Werkzeuge und Höhlenmalereien aus Zentralfrankreich sind ungefähr 30 000 Jahre alt und zeigen eine deutliche kulturelle Entwicklung: Sie zeugen von einer sozialen Struktur und einem Leben als Jäger, ähnlich den heutigen Buschmännern in Afrika.
Vor ungefähr 10 000 Jahren entwickelten in vielen Teilen der Erde die Völker neue Lebensweisen. Sie wurden Bauern und Viehzüchter; Felder wurden bestellt. Sie waren somit sesshaft. Es folgte ein Bevölkerungszuwachs, der die Menschen bis heute zum vorherrschenden Wesen auf der Erde macht.

für ihn durch Fische, Muscheln und Meeressäugetiere ausreichend Nahrung. Durch Besiedeln der südostasiatischen Inseln sowie Australien und Amerika (über die Landbrücke Beringia) breitete sich der Mensch aus.

Im Holozän begann das Abschmelzen der Eismassen. Es bildeten sich neue Küstenformen und Moränengebiete. Der Meeresspiegel stieg an, zahlreiche Niederungen versumpften und Seen verlandeten. Eine Wiederbewaldung mit Birken-, Kiefer-, Eichen- und Buchenwäldern setzte ein.

Der Mensch bildete in seiner Entwicklung neue Lebensformen aus. Jäger und Sammler, die sich von Fischfang, Jagd und Tierhaltung ernährten, wurden zu sesshaften Bauern und Züchtern, die Unterkünfte bauten und Kleidung herstellten, um den letzten Zeitraum der Eiszeit zu überstehen.

GLOSSAR

Allosauridae (Allosauriden)
Größte Fleischfresser des Oberjura. Allosaurus war mit 12 Metern Länge der Größte und der Namensgeber dieser Familie.

Anchisauridae (Anchisauriden)
Älteste Prosauropoden. Sie ähnelten den etwas größeren Plateosauriden.

Ankylosauridae (Ankylosauriden)
Familie der Ankylosauria. Sie hatten breite Schädel und eine knöcherne Keule an der Schwanzspitze, mit deren seitlichen Schlägen sie dem Gegner erhebliche Verletzungen zufügen konnten.

Brachiosauridae (Brachiosauriden)
Familie der Sauropoden (z. B. Brachiosaurus).

Camarasauridae (Camarasauriden)
Familie der Sauropoden (z. B. Camarasaurus).

Ceratosauridae (Ceratosauriden)
Familie der Carnosauria, den Megalosauridae ähnlich aber mit kleinen Horn bzw. Kamm an der Schnauze.

Condylartheren
Säugetiere des Alttertiär mit plumpem Körper, einem hundeähnlichen Kopf und kleinem Hirn, massiven Gliedmaßen mit fünf Zehen und sehr dicken Klauen.

Diplodocidae (Diplodociden)
Familie der Sauropoden (z. B. Diplodocus, Apatosaurus, Mamenchisaurus).

Dromaeosauridae
Besonders gefräßige Räuber. Sie hatten zwar den leichten Körperbau der Coelurosauria, aber den schweren Schädel der Carnosauria.

Fabrosauridae
Familie der Ornithopoda. Sie lebten während der Unterjura, waren klein und echsenähnlich mit langen, schlanken Hinterbeinen (z. B. Echinodon).

Heterodontosauridae
Familie der Ornithopoda (z. B. Pisanosaurus und Heterodontosaurus).

Hypsilophontidae
Familie der Ornithopoda (z. B. Hypsilophodon).

Ichthyiosauria (Fischsaurier)
Ordnung der Sauria. Sie lebten im Erdmittelalter und sehen heutigen Delphinen ähnlich.

Iguanodontidae
Familie der Ornithopoden. Sie hatten einen sehr plumpen Körperbau, gingen auf allen Vieren und konnten nur langsam laufen, sich aber auf die Hinterbeine stellen (z. B. Iguanodon).

Megalosauridae
Familie der Carnosaurier. Mit kräftigem Körperbau und einem schweren Kopf mit zahlreichen scharfen Zähnen (z. B. Dilophosaurus und Megalosaurus).

Nodosauridae (Nodosauriden)
Familie der Ankylosauria. Sie hatten einen schmalen Schädel und einen mit Knochen gepanzerten Körper, gedrungene Beine und breite Füße.

Ornithomimidae
Seitenzweig der Coelurosauria. Dem heutigen Strauß ähnlich, ca. 3,5 Meter lange, zahnlose, schnelle Läufer mit langen Beinen (z. B. Gallimimus).

Pachycephalosauridae
Familie der Ornithopoda. Neben einem kuppelförmigen Schädeldach hatten sie Verdickungen hinten und seitlich am Kopf bzw. auf der Schnauze, ähnlich Halskrausen oder Knubbeln (z. B. Pachycephalosaurus).

Plateosauridae (Plateosauriden)
Familie der Prosauropoden (z. B. Plateosaurus).

Podokesauridae (Podokesauriden)
Familie der Coelurosaurier. Sie waren sehr aktive, flinke Räuber, die sich mit ihren schlanken Körpern auf zwei Beinen bewegten. Die langen Schwänze hielten das Gleichgewicht.

Prosauropodeae (Prosauropoden)
Familie der Sauropodomorpha. Seitenzweig der Sauropoden.

Ramphorhynchoidea
Frühe, primitive Gruppe der Flugsaurier.

Sauropoda (Sauropoden)
Zusammenfassende Ordnung von Saurierfamilien, zu denen die größten Tiere zählen, die es auf dem Land gab. Mit kleinem Kopf, einem langen Hals, großem Körper mit dicken Beinen und langem Schwanz. Wichtige Familien waren die Brachiosauridae, die Diplodocidae, die Camarasauridae und die Titanosauridae.

Spinosauridae (Spinosauriden)
Familie, die sich wahrscheinlich aus den Megalosauridae entwickelte und ein Segel oder einen Kamm auf ihrem Rücken trugen (z. B. Spinosaurus).

Titanosauridae (Titanosauriden)
Die letzte Familie der Sauropoden. Sie lebten etwa 80 Millionen Jahre bis zum Ende der Kreidezeit (z. B. Titanosuchus).

Tyrannosauridae
Die wahrscheinlich größten Carnosauria des Festlandes (z. B. Tyrannosaurus).

REGISTER